ŒUVRES COMPLÈTES

DE

SIR WALTER SCOTT.

Traduction Nouvelle.

PARIS,

CHARLES GOSSELIN ET A. SAUTELET ET C°
LIBRAIRES-ÉDITEURS.

M DCCC XXVI.

H. FOURNIER IMPRIMEUR.

ŒUVRES COMPLÈTES

DE

SIR WALTER SCOTT.

TOME SIXIÈME.

IMPRIMERIE DE H. FOURNIER,
RUE DE SEINE, N° 14.

LA

DAME DU LAC,

POËME

EN SIX CHANTS.

———

(The Lady of the Lake.)

AU NOBLE

JOHN JAMES,

MARQUIS D'ABERCORN,

ETC., ETC., ETC.

CE POËME

EST DÉDIÉ PAR L'AUTEUR,

WALTER SCOTT.

ARGUMENT.

La scène de ce poëme est placée principalement au voisinage du lac Katrine, dans les Highlands de l'Écosse occidentale, comté de Perth. Le temps de l'action comprend six jours, et chaque jour est le sujet d'un chant.

LA

DAME DU LAC.

CHANT PREMIER.

LA CHASSE.

Harpe du Nord, toi qui fus long-temps négligée sur l'ormeau magique dont l'ombrage protège la source de Saint-Fillan! la brise faisait encore vibrer parfois tes cordes harmonieuses, lorsque le lierre jaloux est venu les entourer de ses festons de verdure..... Harpe des ménestrels! qui réveillera tes accords enchanteurs? resteras-tu long-temps muette au milieu du frémissement du feuillage et du murmure des ruisseaux? ne feras-tu donc plus sourire le guerrier et pleurer la jeune fille?

Aux temps antiques de la Calédonie, tu mêlais toujours aux chants de fête tes sons mélodieux, alors que la romance d'un amour malheureux, ou l'hymne de la gloire, attendrissait les cœurs les plus farouches, et donnait du courage aux plus timides! Quand le ménestrel se taisait, tu faisais entendre tes accords inspirateurs, et tu captivais l'attention des jeunes beautés et des fils de la vaillance; car tu célébrais aussi les charmes de la châtelaine et les exploits de la chevalerie!

Réveille-toi, harpe du Nord! quelque inhabile que soit la main qui ose errer sur tes cordes magiques; réveille-toi, quoique je puisse à peine te rendre le faible écho de tes concerts des anciens temps! Je ne saurai tirer de toi que des sons sans art, périssables et indignes de tes nobles accords; mais qu'ils fassent palpiter un moment le cœur de celle qui m'écoute, ce ne sera pas en vain que tu m'auras inspiré!..... Harpe du Nord, enchanteresse, réveille-toi!

I.

Le cerf s'était désaltéré le soir dans le ruisseau de Monan, près de l'image tremblante de la lune; il s'était réfugié, pour y passer la nuit, dans l'épaisseur des coudriers solitaires de Glenartney: mais à peine le soleil venait-il d'allumer son flambeau sur la crête du Benvoirlich, que les aboiemens de la meute, les cors et le galop des coursiers retentirent dans le lointain.

II.

Comme un chef qui entend crier la sentinelle: — Aux armes, voilà l'ennemi! — le monarque agile des forêts s'élance de sa couche de bruyère; mais avant de commencer sa course rapide, il secoue la rosée de ses flancs, et, semblable au guerrier dont la tête superbe est armée d'un cimier, il lève fièrement le front, et agite le bois rameux qui le couronne. Ses yeux plongent un moment dans la vallée; ses naseaux interrogent la brise, et il écoute le bruit plus rapproché de la chasse: puis soudain, voyant paraître les premiers limiers de la meute, il franchit d'un bond le taillis, et, traversant l'espace en liberté, va chercher les bruyères sauvages d'Uam-Var.

III.

La meute l'aperçoit, et redouble ses aboiemens, que répètent les échos du vallon et des cavernes : la montagne répond au bruit confus de mille sons divers ; la voix de cent limiers ardens, les pas précipités de cent coursiers, les joyeuses fanfares des cors et les cris des chasseurs, fatiguent incessamment les échos du Benvoirlich. Le daim fuit à l'approche de ce tumulte; la chevrette se tapit sous la feuillée ; le faucon jette un regard surpris du haut de son aire, jusqu'à ce que ses yeux perçans aient perdu la trace du tourbillon qui balaie la vallée. Le bruit s'affaiblit de plus en plus ; à la voix mourante des échos succède un vaste silence qui règne au loin sur la haute montagne et dans la forêt solitaire.

IV.

Cette guerre champêtre trouble, mais avec moins de fracas, les sommets d'Uam-Var, et la caverne où la tradition raconte qu'un géant fit jadis sa demeure; car, avant que cette montagne escarpée fût gravie, le soleil était parvenu au milieu de son cours journalier, et plus d'un hardi chasseur avait été forcé de s'arrêter pour laisser respirer son coursier haletant : à peine une moitié de la meute avait suivi les traces du cerf, tant l'accès difficile de ces hauteurs avait amorti l'ardeur impétueuse de ses ennemis.

V.

Le noble cerf se reposait sur la cime méridionale de la montagne, au pied de laquelle s'étendaient au loin les beaux domaines variés de Menteith; ses yeux parcouraient avec inquiétude les eaux, les prairies, les bruyères et les marécages, cherchant un dernier refuge, et indécis entre Loch-Ard et Aberfoyle. Mais plus près de lui est un taillis de saules, dont le feuillage se balance sur le lac Achray, et se marie aux rameaux bleuâtres des pins qui couronnent les rochers du Ben-Venu: l'espoir lui donne une vigueur nouvelle; il glisse sur la bruyère d'un pied dédaigneux, vole vers l'ouest dans sa fuite rapide, et laisse loin derrière lui la meute harassée.

VI.

Il serait trop long de dire quels furent les coursiers qui renoncèrent quand la chasse se précipita à travers Cambus-More, et les cavaliers qui tordirent leurs rênes de rage à l'aspect des escarpemens du Benledi; quels furent ceux qui se ralentirent sur la bruyère de Bochastle, et n'osèrent traverser les eaux débordées du Teith; car deux fois, ce jour-là, le cerf intrépide passa hardiment d'une rive à l'autre. Il n'y eut guère que quelques traîneurs qui, le suivant de loin, atteignirent le lac de Vennachar; et lorsque le pont de Turk fut dépassé, le chef des chasseurs se trouva seul.

VII.

Il est seul; mais dans son infatigable ardeur, il ne cesse de presser son cheval du fouet et de l'éperon: épuisé de lassitude, couvert d'écume, souillé de noire poussière, le cerf est devant lui, près de perdre haleine dans ses derniers efforts. Deux noirs limiers de la race de saint Hubert, fameux par leur courage et leur vitesse sans égale, le serrent de près, et sont sur le point de l'atteindre; à peine si la portée d'un trait les sépare du fugitif qu'ils poursuivent sur l'extrême rive du lac, entre le précipice et les broussailles touffues.

VIII.

Le chasseur, remarquant la hauteur de la montagne et l'étroite lisière qui borde le lac, espère que le cerf va être réduit aux abois devant cet énorme rempart; triomphant déjà de sa proie, mesurant de l'œil le bois qui orne son front, il recueille tout son souffle pour sonner la *mort*, et tire son couteau de chasse pour porter le dernier coup à l'animal abattu : mais, au moment où il fond sur lui comme la foudre, et le bras levé,..... le cerf rusé évite le choc ; — tournant du côté opposé du rocher, il s'élance dans une ravine profonde, et, disparaissant aux yeux du chasseur, va se réfugier dans le défilé étroit des Trosachs : là, blotti dans un taillis épais qui laisse tomber sur sa tête les gouttes de la rosée et ses fleurs sauvages, il entend les limiers déçus frapper de leurs aboiemens les rochers, qui répondent seuls à leur voix menaçante.

IX.

Le chasseur suit ses chiens, et les encourage pour leur faire retrouver leur proie. Mais tout à coup son noble coursier s'abat dans le vallon; le chasseur impatient veut en vain l'exciter du geste, de l'éperon et des rênes : tous ses travaux sont finis ; le pauvre animal est tombé pour ne plus se relever! Ému par la pitié et ses regrets, le chasseur se lamente ainsi sur son coursier expirant :

— Je ne pensais guère, quand pour la première fois je guidais ta fougue naissante sur les rives de la Seine; je ne pensais guère, ô mon incomparable coursier! que tes membres agiles serviraient de pâture à l'aigle des montagnes d'Écosse! Maudite soit la chasse! maudit soit le jour qui me prive de toi, ô mon coursier chéri!

x.

Il sonne du cor pour rappeler ses chiens d'une vaine poursuite : les chiens reviennent d'un pas ralenti et inégal; ils se pressent à ses pieds, traînant la queue et baissant l'oreille. Pendant que les derniers sons du cor se prolongent dans la ravine, le hibou tressaille et se réveille; l'aigle répond par ses cris; les échos se renvoient tous ces sons, qui ressemblent bientôt à la voix lointaine d'un ouragan.

Le chasseur se retire pour rejoindre ses compagnons; mais il tourne souvent la tête, tant les sentiers qu'il parcourt lui paraissent étranges! tant l'aspect bizarre de ces lieux excite sa surprise!

xi.

Le soleil couchant déroulait ses vagues de pourpre au-dessus de cet obscur vallon, et inondait de sa lumière chaque pic de la montagne; mais aucun rayon ne pouvait percer la profondeur ténébreuse des ravines. Un double sentier serpentait autour de mainte roche pyramidale, dont le sommet sillonné par la foudre s'élançait jusqu'aux nues, et de mainte masse isolée, remparts naturels de ces passages, semblables à cette tour ambitieuse élevée par l'orgueil dans la plaine de Shinar. Les rochers étaient taillés les uns en forme de tourelles, de dômes ou de créneaux; les autres, créations plus fantastiques encore, rappelaient les coupoles ou les minarets, les pagodes et les mosquées de l'architecture orientale. Ces édifices, construits par la nature, avaient aussi leurs ornemens et leurs nobles bannières : on voyait leurs âpres sommets déployer, sur les précipices, les vertes guirlandes de l'aubépine étincelant de rosée, et la douce haleine du soir faisait flotter le feuillage varié de mille arbustes grimpans.

XII.

La nature a prodigué à ces lieux toutes les plantes des montagnes : ici l'églantier embaume l'air ; là s'entremêlent le coudrier et l'aubépine; la pâle primevère et la violette azurée trouvent un abri dans les fentes du roc; la morelle et la gantelée, emblèmes de l'orgueil et du châtiment, groupent leurs sombres couleurs avec les teintes qu'offrent les rochers battus de la tempête; le bouleau et le tremble mélancolique balancent leurs rameaux à chaque souffle du vent; plus haut, le frêne et le chêne robustes ont fixé leurs racines dans les anfractuosités de la montagne ; son extrême sommet nourrit encore le pin au tronc déchiré, dont les rameaux se projettent entre les saillies rapprochées des rochers. Enfin, au-dessus de ces pics éblouissans de blancheur, et à travers le feuillage mobile, l'œil découvre à peine l'azur délicieux d'un beau ciel : l'effet merveilleux de ce tableau semble le produit d'un songe magique.

XIII.

Le chasseur voit briller plus loin, au milieu du taillis, le cours d'une eau paisible, dont le lit étroit peut à peine recevoir la canne sauvage et sa famille ; cette onde se perd un moment sous l'ombrage épais, mais elle reparaît bientôt plus abondante, et réfléchit dans son cristal d'azur des rochers immenses et les collines boisées. S'étendant peu à peu sur un plus vaste espace, elle se divise pour aller entourer d'une ceinture humide deux monticules couronnés d'arbustes, qui, détachés du reste de la forêt, semblent sortir de l'onde comme les tours d'un château au milieu de ses fossés. Les flots, qui grossissent de proche en proche, interceptent toute communication avec la montagne, et forment deux petites îles isolées.

XIV.

Mais aucun sentier ne s'offre au chasseur, à moins qu'il ne gravisse d'un pas prudent les saillies anguleuses d'un précipice ; les racines du genêt lui servent d'échelle, et les rameaux des noisetiers lui prêtent leur secours ; il parvient ainsi sur l'extrême pointe d'un rocher, et de là il découvre le lac Katrine qui se déploie comme une vaste nappe d'or aux rayons du soleil couchant. Tout l'espace que le lac couvre de ses ondes se développe à ses regards avec ses promontoires, ses baies, ses îles, qu'une teinte de pourpre fait distinguer au milieu des flots d'une lumière plus vive, et ses montagnes, qui apparaissent comme des géans gardiens d'une terre enchantée. L'immense Ben-Venu s'élève du côté du sud, et projette sur le lac, en masses confuses, ses rocs et ses inégalités sauvages, semblables aux débris d'un antique univers. Une sombre forêt croît sur ses flancs dégradés, et couronne sa tête chenue d'un feuillage ondoyant, tandis que, vers le nord, Ben-An lève dans les airs son front dépouillé.

XV.

L'étranger jette, du haut du promontoire, des regards étonnés et ravis. — Que ces lieux, dit-il, seraient dignes de la magnificence d'un prince ou de l'orgueil de l'Église ! Que j'aimerais à voir sur cet âpre sommet la tour d'un châtelain, dans ce riant vallon, la demeure d'une douce beauté, et plus loin, au milieu de cette prairie, les tourelles d'un vieux monastère !

Comme le cor résonnerait gaiement sur les ondes de ce lac, pour accuser la lenteur de l'aurore ! Qu'il serait doux d'écouter chaque soir le luth d'un amant dans le silence de ces paisibles bocages ; et puis, quand la lune baignerait son front dans cette onde argentée, combien serait solennel le bourdonnement lointain de la cloche des matines, dont la voix religieuse irait dans cette petite île réveiller un vieil ermite, qui compterait à chaque coup de cloche un grain de son rosaire !..... Le cor, le luth et la cloche appelleraient le voyageur à un accueil bienveillant sous un toit hospitalier.

XVI.

Alors sans doute il serait charmant de s'égarer ici ; mais maudite soit la vitesse du cerf !..... A présent, comme le pauvre ermite que je me figurais tout à l'heure, il faudra bien se contenter pour cette nuit de ce que m'offrira ce taillis épais : quelque banc de mousse va être ma couche, un vieux chêne mon seul abri. Patience encore ; la chasse et la guerre ne nous laissent guère le choix d'un asile : une belle nuit passée dans un bois ajoute à la gaieté du lendemain ; mais les hôtes de ces déserts sont probablement de ces gens qu'il vaut mieux éviter que chercher. Tomber entre les mains des maraudeurs de ces montagnes, ce serait pire que de perdre le cerf et son cheval... Me voilà seul ;... le son de mon cor attirera peut-être auprès de moi quelqu'un de nos chasseurs... S'il allait appeler le danger ?... Allons, n'importe ; ce n'est pas la première fois que mon épée aura été tirée du fourreau.

XVII.

Mais à peine son cor a retenti, que, tournant les yeux vers un vieux chêne, dont le tronc oblique était fixé au rocher de la petite île, il voit un léger esquif qui s'en détache, et qui s'élance dans la baie : il est conduit par une jeune femme ; il trace un cercle gracieux autour du promontoire, et soulève une vague presque insensible, qui vient humecter les rameaux pendans du saule, et caresser avec un doux murmure un lit de cailloux aussi blancs que la neige. L'esquif touchait cette rive argentée au moment où le chasseur changea de place, et il se tint caché au milieu de la bruyère, pour observer cette Dame du Lac.

La jeune fille s'arrête, comme si elle espérait entendre encore le son lointain : telle qu'une statue, chef-d'œuvre d'un sculpteur de la Grèce, elle reste immobile, la tête levée, l'œil fixe et l'oreille attentive ; ses cheveux flottent sur son épaule ; ses lèvres sont légèrement entr'ouvertes... On l'aurait prise pour la naïade protectrice de ce rivage.

XVIII.

Non, jamais le ciseau grec ne créa une Nymphe, une Naïade, ou une Grace d'une taille plus élégante, d'un aspect plus ravissant ! L'ardeur du soleil avait légèrement bruni ses joues, l'exercice de l'aviron, qui était un jeu pour elle, les avait teintes d'un brillant incarnat, et découvrait aussi les mouvemens plus rapides de son sein d'albâtre ; aucune leçon de l'art des Graces n'avait accoutumé ses pas à une mesure réglée, mais jamais démarche ne fut plus facile, jamais pied plus léger ne foula la rosée sur la bruyère fleurie : on en retrouvait à peine la trace sur le gazon. On reconnaissait dans son langage l'accent des montagnes ; mais le son de sa voix était si doux et si séduisant, qu'on respirait à peine en l'écoutant parler.

XIX.

Tout annonçait en elle la fille d'un chef; son snood(1) de satin, son plaid de soie et son agrafe d'or. Rarement on vit un snood se perdre au milieu d'une aussi abondante chevelure, dont les noires boucles le disputaient à la couleur des ailes de corbeau; rarement un plaid arrangé avec un soin modeste couvrit un sein aussi beau; jamais agrafe n'en assujettit les plis sur un cœur plus tendre.

Il suffisait d'observer le regard d'Hélène pour y deviner toute sa bonté et ses vertus. Le cristal azuré du lac Katrine ne réfléchit pas plus purement la verdure de ses bords, que les yeux ingénus d'Hélène n'exprimaient son innocence. On y distinguait tour à tour les transports de sa joie, sa bienveillance pour l'infortune, l'amour filial, la suppliante prière d'une douce piété, ou la noble indignation qu'inspire aux enfans du Nord le récit d'un outrage. Un seul sentiment était dissimulé par elle avec une fierté virginale, sans rien perdre de sa pureté... Ai-je besoin de le nommer?

XX.

Impatiente du silence qui a succédé aux sons du cor, Hélène élève la voix. — Mon père!... s'écrie-t-elle; et les rochers d'alentour semblent se plaire à prolonger la douceur de ses accens. Elle écoute; point de réponse. — Malcolm, serait-ce toi? ajouta-t-elle : mais ce nom fut prononcé d'une voix si timide, qu'il ne put être saisi par l'écho.

— Je suis un étranger, dit le chasseur en quittant

---

(1) Ruban que portent les vierges écossaises. — Le *plaid*, le manteau de tartan. — Éd.

l'ombrage des noisetiers parmi lesquels il s'était caché. La jeune fille, alarmée, éloigna son léger esquif du rivage par un mouvement rapide de l'aviron ; et, quand elle se vit à une certaine distance, elle croisa plus étroitement le plaid qui cachait son sein. Tel le cygne effrayé recule à l'approche d'un ennemi, et hérisse les plumes de ses ailes.

Hélène, se voyant en sûreté, s'arrêta, cherchant à calmer sa surprise et son émotion, et considérant l'étranger, dont l'aspect et le visage n'étaient point de ceux qui font fuir les jeunes filles.

XXI.

Les années avaient légèrement imprimé sur ses traits la noble gravité de l'âge mûr, mais sans éteindre encore le feu et la franchise de la jeunesse. On y voyait le charme d'une humeur enjouée, l'activité d'une ame toujours prête à entreprendre, et l'audace qui exécute : il était facile de deviner que ses yeux vifs devaient être également prompts à s'enflammer pour l'amour, ou à brûler du feu plus terrible de la colère.

Ses membres robustes étaient faits pour les jeux du courage et les périls de la guerre ; quoiqu'il fût vêtu en simple chasseur, et sans autre arme que son épée, tout son aspect annonçait une ame haute et une fierté martiale, comme s'il eût porté le casque d'un baron et une brillante armure.

Au-dessus de la nécessité où il se trouvait de demander l'hospitalité, il parla, avec une aisance naturelle et la plus aimable courtoisie, de l'accident qui l'avait amené dans ces lieux ; cependant le ton flatteur de sa voix et son geste modeste semblaient plutôt accoutumés à donner des ordres qu'à supplier.

XXII.

La jeune fille regarda un moment l'étranger; et, rassurée enfin, elle lui répondit que les châteaux des montagnards étaient toujours ouverts aux voyageurs égarés.
— Ne croyez pas, ajouta-t-elle, que vous arriviez dans cette île solitaire sans y être attendu; ce matin même, avant que la rosée cessât d'humecter la verdure, une couche a été préparée pour vous. La cime pourprée de cette montagne nous a fourni le ptarmigan et le coq de bruyère. Nous avons tendu nos filets sur le lac, afin que vous trouviez ici votre repas du soir.

— J'atteste le ciel, aimable insulaire, reprit l'étranger, que vous êtes dans l'erreur; je n'ai aucun droit à ce bon accueil, destiné à l'hôte que vous attendez : le hasard seul m'a conduit dans cette solitude; j'ai perdu ma route, mon coursier et mes compagnons; voilà, je vous assure, la première fois que je respire l'air de ces montagnes. En voyant les bords pittoresques de ce lac et la beauté qui me parle, je suis tenté de me croire avec une fée dans le pays des enchantemens.

XXIII.

— Je crois sans peine, reprit la jeune fille en ramenant son esquif vers le rivage, je crois sans peine que vos pas n'avaient jamais foulé jusqu'à ce jour les rivages du lac Katrine; mais hier soir le vieil Allan-Bane prédit votre arrivée; c'est un barde à cheveux blancs, dont l'œil prophétique eut une révélation de l'avenir. Il a vu votre coursier gris-pommelé tomber sans vie sous les bouleaux; il nous a dépeint avec exactitude votre taille et vos traits, votre costume de chasseur en drap vert de Lincoln, ce cor de chasse orné de glands de soie, la riche poignée et la lame recourbée de votre glaive, votre toque surmontée d'une plume de héron, et vos deux limiers si noirs et si farouches. C'est lui qui a commandé que tout fût prêt pour recevoir un hôte de noble race; mais je n'ajoutais guère foi à sa prophétie, et j'avais cru que c'était le cor de mon père, dont l'écho du lac m'apportait le son.

XXIV.

L'étranger sourit. — Puisque je viens en chevalier errant, annoncé par un véridique prophète, et destiné sans doute à quelque entreprise hardie, il n'est point de dangers que je ne brave avec joie pour un seul regard de ces beaux yeux; permettez-moi, en attendant, de diriger moi-même sur le lac votre barque enchantée.

La jeune fille dissimula un sourire malicieux en voyant l'étranger entreprendre un exercice inaccoutumé, car c'était pour la première fois sans doute que sa noble main saisissait l'aviron; cependant il l'agita d'un bras vigoureux, et la nacelle glissa rapidement sur l'onde. Les deux limiers suivent à la nage, tenant la tête haute, et se plaignent en aboyant. La rame ne troubla pas long-temps le cristal azuré du lac; déjà l'esquif touche aux rochers de l'île; il est amarré au rivage.

XXV.

L'étranger porta ses yeux autour de lui sans pouvoir reconnaître aucun chemin, ni rien qui indiquât que ces lieux fussent habités, tant le taillis était touffu : mais la vierge des montagnes lui montra un sentier secret, dont il fallait gravir les détours sinueux à travers le feuillage; il aboutissait à une étroite prairie, que le bouleau et le saule pleureur entouraient de leurs rameaux inclinés;

c'était là qu'un chef avait construit une demeure rustique pour lui servir d'asile aux heures du danger.

XXVI.

C'était un bâtiment assez vaste, mais d'une architecture et d'une distribution bizarres, pour lequel l'artiste avait employé tous les matériaux qui s'étaient trouvés sous sa main. Dépouillés de leurs branches et de leur écorce, grossièrement équarris par la hache, le chêne robuste et le frêne s'élevaient en hautes murailles. Des feuilles, de la mousse, et l'argile, avaient été mêlées ensemble pour interdire tout accès au souffle des vents. De jeunes pins entre-croisés servaient de soliveaux, et supportaient la toiture, formée de touffes de bruyère flétrie et de roseaux desséchés. Du côté de l'ouest, et vis-à-vis de la pelouse, on voyait un portique soutenu par des colonnes naturelles ; c'étaient les troncs verts des ifs de la montagne, auxquels la main d'Hélène avait entrelacé le lierre, la vigne d'Ida, la clématite, cette fleur chérie qui porte le beau nom de berceau des vierges, et toutes les plantes dont la tige vigoureuse pouvait supporter l'air vif et pénétrant du loch Katrine (1).

Elle s'arrêta un instant sous ce péristyle, et dit gaiement à l'étranger.

— Recommandez-vous au ciel et à votre dame avant d'entrer dans le château enchanté.

XXVII.

— Aimable guide, je vous suis ; vous êtes ma providence, ma confiance et mon espoir, répondit-il.

Il franchit le seuil, et le bruit d'un acier menaçant

---

(1) Les botanistes ont reproché à l'auteur d'avoir vu la clématite dans l'île d'Hélène, où jamais cette plante ne se rencontre. — Éd.

frappe soudain son oreille. Son front brille de la flamme du courage ; mais il rougit bientôt de ses vaines alarmes en apercevant sur le plancher la cause du bruit qu'il venait d'entendre ; c'était une épée nue qui s'était échappée de son fourreau suspendu négligemment sur un bois de cerf ; car des trophées de guerre ou de chasse décoraient toutes les murailles : ici un bouclier, un cor, une hache d'armes, un épieu, des épées (1), des arcs et des faisceaux de flèches étaient mêlés aux défenses du sanglier ; d'un autre côté, la tête d'un loup semblait encore grincer des dents comme lorsqu'il fut percé du coup mortel ; et la fourrure rayée d'un chat-pard ornait la tête de l'élan, ou s'étendait comme un manteau sur les cornes d'un bison.

Des bannières usées, et conservant les traces noirâtres du sang, des peaux tigrées de daims formaient, avec la dépouille de la loutre et du marsouin, la tapisserie extraordinaire de cette salle rustique.

XXVIII.

L'étranger promenait çà et là des regards surpris ; il releva ensuite l'arme qui était tombée. Peu de bras auraient eu la force de la manier. — Je n'ai connu qu'un mortel, dit-il en l'examinant, qui fût capable de se servir d'une telle épée dans les batailles.

Hélène soupira, puis elle prit la parole en souriant :

— Vous voyez, dit-elle, l'épée du chevalier gardien de cette demeure ; ce fer est aussi léger pour sa main qu'une baguette de coudrier dans la mienne. La haute stature de mon père serait digne des jours de Ferragus et d'Ascabart ; mais en l'absence du géant, ce château

---

(1) *Broad-sword*, l'épée écossaise, une espèce de claymore.
— Éd.

n'est habité que par des femmes et des serviteurs chargés d'années.

XXIX.

La maîtresse du château survint; c'était une dame d'un âge mûr, mais non dépourvue de graces : sa démarche aisée, son port majestueux auraient été remarqués dans la cour d'un roi. La jeune Hélène la reçut comme une mère, mais avec plus d'égards peut-être qu'on n'en accorde à ceux qui nous sont unis par les liens du sang. Elle accueillit son hôte avec bienveillance et avec toutes les attentions qu'exigent les lois de l'hospitalité, mais sans lui demander ni son nom ni sa naissance. Tel était alors le respect pour un hôte, qu'un ennemi juré pouvait venir s'asseoir au banquet du chef, objet de sa haine, et s'en retourner après la fête, sans qu'il lui fût adressé une seule question.

Enfin, l'étranger déclara lui-même son rang.

Il était James Fitz-James, chevalier de Snowdoun, seigneur d'un héritage peu fertile, que ses braves aïeux avaient eu bien de la peine à conserver par l'épée d'âge en âge. Il en avait coûté la vie à son père, et lui-même était souvent forcé par les décrets du ciel à défendre ses droits le fer à la main. Il avait suivi ce matin lord Moray à la chasse; trop ardent à poursuivre un cerf agile qu'il n'avait pu atteindre, il avait devancé ses compagnons, et vu mourir son coursier. Il se présentait comme un voyageur égaré.

XXX.

Le chevalier de Snowdoun aurait bien voulu demander à son tour le nom et le rang du père d'Hélène.

Le maintien de la plus âgée des deux dames disait

assez qu'elle avait fréquenté les villes et les cours : quant à Hélène, quoiqu'il y eût dans son air un peu plus de cette simple grace qui n'appartient qu'aux filles des champs, ses paroles, ses gestes, les traits de son visage, tout annonçait en elle une noble origine; il est rare de rencontrer, dans un rang moins élevé, ses traits, ses manières, et une ame comme la sienne.

Lady Marguerite écoutait dans un grave silence toutes les insinuations adroites de Fitz-James, ou Hélène, par une plaisanterie innocente, éludait toutes ses demandes.

— Nous sommes des fées, disait-elle, qui habitons les vallées et les montagnes, loin des villes et des châteaux; nous présidons au cours des ondes, nous dirigeons les tempêtes, ou nous jetons des charmes sur des chevaliers errans. Tandis que d'invisibles ménestrels pincent leurs harpes, voici les vers magiques que nous chantons.

Elle fit alors entendre ces paroles, et une harpe inaperçue remplissait par ses accords les intervalles de son chant :

XXXI.

CHANT D'HÉLÈNE.

Noble guerrier, dépose ici tes armes;
Viens te livrer aux douceurs du repos;
Ne songe plus aux combats, aux alarmes,
A la victoire, aux lauriers des héros.
D'un enchanteur la main mystérieuse
A préparé ta couche en ce château :
Le jour a fui; sa harpe harmonieuse
Va t'assoupir par un charme nouveau.

Noble guerrier, dépose ici tes armes ;
Viens te livrer aux douceurs du repos ;
Ne songe plus aux combats, aux alarmes,
A la victoire, aux lauriers des héros.

Tu n'entendras ni le cri du carnage,
Ni des coursiers les fiers hennissemens,
Ni les vaincus expirant avec rage,
Ni les clairons des guerriers triomphans ;
Mais aussitôt qu'un nouveau jour colore
De pourpre et d'or les coteaux et les cieux,
L'oiseau s'éveille, et, saluant l'aurore,
Redit aux bois ses concerts amoureux.

Tu n'entendras ni le cri du carnage,
Ni des coursiers les fiers hennissemens,
Ni les vaincus expirant avec rage,
Ni les clairons des guerriers triomphans

XXXII.

Hélène s'arrête, et puis continue en rougissant. Les douces modulations de sa voix prolongent la mélodie de ses chants jusqu'à ce que l'inspiration fasse couler de ses lèvres les mots cadencés par le rhythme.

Suite du chant d'Hélène.

Noble chasseur, dans ce séjour oublie
Que tes limiers accusent ton sommeil ;
De nos accens la magique harmonie,
Au lieu du cor, charmera ton réveil.
Laisse le cerf dormir dans son asile ;
Ne songe plus aux hôtes des forêts ;
Que le trépas de ton coursier agile
Cesse en ces lieux d'exciter tes regrets.

Noble chasseur, dans ce séjour oublie
Que tes limiers accusent ton sommeil ;

De nos accens la magique harmonie
Au lieu du cor charmera ton réveil.

XXXIII.

Les dames se retirent ; le chevalier reste seul...... Les bruyères de la montagne composent la couche qui lui est destinée. Avant lui, maint chasseur y avait reposé ses membres fatigués, et rêvé de ses exploits dans les forêts : mais c'est en vain que ces bruyères sauvages répandent le parfum des montagnes autour de l'étranger : le charme d'Hélène n'avait pu calmer par le baume du sommeil la fièvre de son cœur agité ; des rêves interrompus ne cessent de lui offrir l'image de ses périls et de ses regrets ; tantôt il croit revoir son coursier qui s'abat dans le ravin ; tantôt c'est la nacelle qui s'abîme sous les flots du lac. — Il se trouve à la tête d'une armée en déroute ; son étendard est renversé, son honneur est perdu ; puis tout à coup (puisse le ciel éloigner de ma couche ce fantôme, le plus odieux des enfans de la nuit!) le souvenir de sa jeunesse vient se présenter à son imagination ; il se rappelle les pièges tendus à sa confiance et à sa franchise ; il échange de nouveau son cœur avec des amis qui l'ont trompé depuis long-temps : il les reconnaît tous les uns après les autres ; les indifférens, les traîtres, et ceux qui ne sont plus ; leurs mains serrent les siennes, leurs fronts respirent la gaieté comme s'ils n'avaient jamais été désunis. A cet aspect un doute affreux le désespère...... Est-il abusé par ses sens? leur mort ou leur perfidie fut-elle un rêve? est-ce l'illusion ou la réalité qui le poursuit?

XXXIV.

Enfin il se figure qu'il s'égare dans un bosquet avec

Hélène, et lui parle d'amour : Hélène l'écoute en soupirant et la rougeur sur le visage ; il la presse avec éloquence ; il espère l'attendrir. Hélène laisse aller sa main : il veut la saisir ; c'est un gantelet de fer qu'il rencontre. Le fantôme a changé de sexe : un cimier brille sur sa tête ; sa haute stature s'est développée progressivement : son front est farouche, ses yeux lancent l'éclair de la menace ; malgré les rides qui sillonnent ses traits, malgré son air sombre et terrible, il ressemble encore à Hélène.

Le chevalier s'éveille en sursaut, et la vision de la nuit fait palpiter son cœur d'effroi. Les tisons mourans du foyer jetaient encore par intervalle des lueurs rougeâtres et sinistres qui ne découvraient qu'obscurément les bizarres trophées de ce château. L'étranger fixe ses regards sur la pesante épée dont la chute l'avait fait tressaillir la veille. Mille pensées contraires se succèdent dans son ame. Pour calmer cette agitation cruelle, il se lève, et va contempler les pures clartés de la lune.

XXXV.

Le genêt, la rose sauvage et l'églantier exhalaient à l'entour leurs riches parfums ; les bouleaux répandaient leurs larmes embaumées, et le saule laissait pencher ses rameaux immobiles.

Les rayons argentés de l'astre des nuits se jouaient sur le sein paisible de l'onde avec un doux frémissement...... Quel cœur aurait pu résister au calme si doux de cette heure silencieuse ! Le chevalier de Snowdoun en éprouva l'influence, et se dit à lui-même :

— Pourquoi retrouvé-je à chaque pas quelque souvenir de cette race exilée ! Ne puis-je rencontrer une fille des montagnes qu'elle n'ait le regard des Douglas !

Toutes les épées que je vois me sembleront-elles toujours n'être faites que pour le bras de ce chef odieux! Douglas viendra-t-il donc toujours me poursuivre dans mes songe !s..... Je ne veux plus rêver..... Une volonté ferme n'est même pas domptée dans le sommeil! Adressons mes prières au ciel, endormons-nous, et ne rêvons plus.

Le chevalier répéta dévotement son rosaire, confiant à Dieu ses soucis et ses peines, puis il goûta un sommeil profond, jusqu'au moment où le coq de bruyère fit entendre son cri aigu, et annonça que l'aube matinale blanchissait la cime du Ben-Venu.

FIN DU CHANT PREMIER.

LA DAME DU LAC.

CHANT SECOND.

L'ILE.

I.

Au point du jour, le coq de bruyère polit le noir plumage de ses ailes ; c'est le retour du matin qui fait répéter à la linotte ses chants les plus doux ; tous les enfans de la nature sentent, avec le jour nouveau, les sources de la vie se ranimer en eux ; et, pendant que l'esquif qui porte l'étranger glisse en s'éloignant de l'île, l'influence propice de l'aurore inspire un vieux ménestrel. Allan-Bane, aux cheveux blancs, on entendit sur le lac tes vers harmonieux, mariés aux accords de ta harpe :

II.

CHANT DU BARDE.

  L'écume jaillit, étincelle,
  Et disparaît sous l'aviron ;
  En vain l'œil cherche le sillon
  Que creusait l'agile nacelle :
  Tel est, dans le cœur des heureux,
   D'un bienfait la trace éphémère.
Adieu donc, étranger ; tu vas, loin de ces lieux,
Perdre le souvenir de l'île solitaire.

  Que les honneurs et les richesses
  Te cherchent à la cour des rois ;
  Que chacun vante tes prouesses
  A la guerre et dans les tournois ;
  Qu'un ami digne de ton cœur,
   Qu'une belle tendre et sincère
Aux dons de la fortune ajoutent le bonheur
Loin des bords oubliés de l'île solitaire.

III.

  Mais si, banni de sa patrie,
  Sous le plaid de nos montagnards,
  Un fils de la Calédonie
  Venait s'offrir à tes regards,
  Qu'il trouve en toi le cœur d'un frère,
   Et que ta main sèche ses pleurs ;
Daigne te souvenir, pour calmer ses douleurs,
De l'hospitalité de l'île solitaire.

  Un jour, toi-même, ton étoile
  Viendra peut-être à te trahir ;
  Tu verras l'inconstant Zéphir
  Aux aquilons livrer ta voile :
  Alors fuiront tous tes flatteurs ;
   Mais sur une rive étrangère
Si l'exil te condamne à porter tes malheurs,
L'amitié t'attendra dans l'île solitaire.

IV.

Au moment où ces derniers accords expiraient sur l'onde, la nacelle atteignit la plage opposée. Avant de poursuivre sa route, l'étranger jeta un regard d'adieu sur l'île, où il put facilement reconnaître le barde appuyé contre un arbre miné et blanchi comme lui par le temps. Livré à ses méditations poétiques, il levait son front vénérable vers le ciel, comme pour demander au soleil une étincelle de sa flamme divine. Sa main, posée sur les cordes de sa harpe, semblait attendre le rayon inspirateur. Il était immobile comme celui à qui le juge va lire la sentence qui le condamne : on eût dit que la brise n'osait soulever une seule boucle de sa blanche chevelure, et il semblait que la vie venait de l'abandonner avec le dernier son de sa harpe.

V.

Près de lui, Hélène, le sourire sur les lèvres, était assise sur une roche tapissée de mousse. Quel objet excite son sourire? Est-ce le cygne majestueux qui glisse en fuyant sur le lac, tandis que son épagneul aboie de la rive, et n'ose poursuivre cette noble proie? Jeune fille qui le savez, dites-moi pourquoi les joues d'Hélène se colorent d'un incarnat plus vif!..... — Peut-être souriait-elle en voyant le chevalier s'éloigner à regret, lui dire adieu de la main, s'arrêter et se retourner sans cesse. Beautés aimables, avant de condamner avec rigueur l'héroïne de mes vers, nommez-moi celle qui dédaignerait de suivre avec des yeux satisfaits une semblable conquête.

VI.

Tant que l'étranger s'arrêta sur le rivage, Hélène feignit de ne pas le remarquer : mais, quand il s'éloigna à travers la clairière, elle fit un geste d'adieu ; et le chevalier répéta souvent dans la suite que le prix d'un tournoi, décerné par une dame brillante d'attraits et de parure, n'avait jamais autant ému son cœur que ce simple adieu muet.

Guidé par un fidèle montagnard et accompagné de ses deux limiers, Fitz-James suit à pas lents les détours des hauteurs : la jeune fille l'épie encore de loin d'un air distrait ; mais, quand elle eut perdu de vue la figure noble de son hôte, sa conscience lui adressa un reproche secret.

— Et ton Malcolm, vaine et ingrate Hélène !..... se dit-elle ; — Malcolm n'aurait pas écouté comme toi, en rêvant, les doux accens de la langue du sud ! Malcolm n'aurait jamais attaché ses regards sur d'autres pas que les tiens !

— Sors de ta rêverie, Allan-Bane ! s'écria Hélène en s'adressant au vieux ménestrel, auprès de qui elle était assise ; sors de ta rêverie ! Je vais donner à ta harpe le sujet d'un chant héroïque, et t'enflammer par un noble nom ; célèbre la gloire des Grœme !

A peine ces mots étaient-ils échappés de ses lèvres, que la timide Hélène rougit de pudeur ; car le jeune Malcolm Grœme était regardé comme le héros de son clan dans tous les châteaux de l'Écosse.

VII.

Le ménestrel fit vibrer les cordes de sa harpe... Trois fois des préludes guerriers retentirent sur les bords du lac ; trois fois cette harmonie martiale se perdit en tristes murmures.

Le vieillard croisa ses mains flétries, et dit à Hélène :

— Vainement, ô noble fille des héros ! vainement tu

m'ordonnes de célébrer ce clan généreux, toi qui fus toujours obéie par ton vieux barde ! Hélas ! une main plus puissante que la mienne a accordé ma harpe et commandé ses sons ! Je touche les cordes des chants de gloire ; elles répondent par des accens de douleur et de deuil. La marche triomphante des vainqueurs se perd dans l'hymne lugubre des funérailles ! Oh ! si du moins ce son prophétique n'annonçait que ma fin prochaine ; si, comme le disaient les bardes mes ancêtres, cette harpe, qui résonna jadis sous les mains de saint Modan, a la vertu de prédire la destinée de son maître, j'accepte sans regret l'augure fatal au seul ménestrel.

VIII.

— Mais, hélas ! chère Hélène, ce fut ainsi qu'elle gémit la veille de la mort de ta pieuse mère : tels furent les sons qu'elle rendit lorsque, cherchant à répéter un lai d'amour ou de victoire, je fus épouvanté moi-même de l'entendre troubler la fête et soupirer tristement malgré moi dans le château de Bothwell, avant que les Douglas, proscrits et condamnés, fussent bannis de leur terre natale. Ah ! si quelque malheur plus cruel doit encore frapper la maison de mon seigneur, ou si ces accords plaintifs menacent la belle Hélène d'une affliction nouvelle, harpe funeste, aucun barde n'osera plus demander à tes cordes des accens de triomphe ou d'allégresse. Après un dernier chant de douleur en harmonie avec mon désespoir, tu couvriras de tes fragmens dispersés le tombeau de ton maître !

IX.

Hélène répondit, pour le consoler :
— Vénérable ami ! calme ces craintes de l'âge. Tu connais tous les chants que la harpe ou la cornemuse

répètent depuis la Tweed jusqu'à la Spey : faut-il donc être surpris si parfois des sons inattendus se confondent dans ta mémoire, et mêlent l'hymne funèbre aux airs du triomphe ?

Nous n'avons guère maintenant de motif de crainte ; nous vivons ici obscurs, mais en sûreté. Mon père, grand de sa seule vertu, renonçant à ses domaines, à ses honneurs et à son rang, n'a pas plus à redouter des coups de la fortune, que ce chêne du courroux des autans. Les orages peuvent dépouiller ses rameaux de leur feuillage, mais non ébranler son tronc.

Pour moi... Elle s'arrêta à ces mots, et ses regards se fixèrent sur une campanète bleue qu'elle cueillit en ajoutant :

Pour moi dont la mémoire me retrace à peine l'image d'un temps plus heureux, je puis bien choisir pour emblème cette simple fleur, amie de la solitude. Elle reçoit la pluie du ciel aussi-bien que la rose, fière d'habiter le jardin des rois ; et quand je la place dans mes cheveux, ô Allan ! le ménestrel est obligé de jurer qu'il ne vit jamais couronne si belle !

Elle sourit, et orna ses noirs cheveux de ce diadème des champs.

x.

Son sourire, son doux langage et sa grace dissipèrent la mélancolie du vieux barde. Allan-Bane la contemple avec le regard pieux de ces anachorètes qui voient venir à eux un ange pour les consoler. Les regrets de son cœur fier et tendre firent enfin couler ses larmes, et il répondit :

— O la plus aimable et la plus tendre des filles ! tu connais peu quel rang et quels honneurs tu as perdus !

Que ne puis-je vivre pour te voir orner la cour d'Écosse, où t'appelait ta naissance ! pour y voir mon élève chérie attirer tous les yeux par la légèreté de ses pas, faire soupirer les cœurs de tous les braves, et inspirer tous les ménestrels jaloux de célébrer la dame *du cœur sanglant* (1) !

XI.

— Voilà sans doute de beaux rêves ! s'écria la jeune fille (avec un ton léger, mais en laissant échapper un soupir) ; cependant la mousse qui tapisse cette roche vaut pour moi un trône et un dais splendide ; je ne foulerais pas avec plus de gaieté les tapis de la cour que ce gazon émaillé de fleurs ; mon oreille serait moins ravie d'écouter les accords du ménestrel royal que les tiens ; et, quant aux amans d'une noble extraction qui fléchiraient le genou devant mes charmes, toi-même, barde flatteur, tu avoueras que le farouche Roderic me rend ici un humble hommage. Le fléau des Saxons, l'orgueil du clan d'Alpine, la terreur des rives du lac Lomond, retarderait, à ma prière, une expédition dans le comté de Lennox... pendant un jour entier.

XII.

Le vieux barde reprit soudain un air grave :

— Tu as mal choisi, dit-il à Hélène, le sujet de ton innocent badinage. Qui peut, dans les solitudes de l'ouest, sourire en nommant Roderic ? Je le vis immoler de sa main un chevalier dans Holy-Rood ; je le vis retirer du corps de sa victime sa dague sanglante : les pâles courtisans s'écartèrent pour laisser passer l'impitoyable homicide ; et depuis, quoique proscrit, il a su conserver

---

(1) Armoiries des Douglas. Voyez *Marmion*. — Éd.

fièrement ses domaines des montagnes. Quel autre que lui eût osé donner — maudit soit le jour qui m'arrache cet odieux aveu! — quel autre que lui eût osé donner asile à Douglas, à Douglas désavoué par tous ses nobles pairs comme un cerf poursuivi et blessé?

Hélas! ce chef de maraudeurs a pu seul risquer de nous protéger; et maintenant que tes jeunes appas se sont épanouis, il voit sa récompense dans le don de ta main : en peu de temps les dispenses nécessaires peuvent être apportées de Rome, et venir à l'appui de sa demande. Alors, quoique exilé, ton père, en vrai Douglas, inspirerait de nouveau le respect et la crainte à ses ennemis : mais, quoique Roderic t'aime assez pour se laisser guider par toi avec un fil de soie, et pour sacrifier ses terribles volontés à tes désirs, cependant, ma fille chérie, garde-toi d'en parler légèrement; ta main touche la crinière d'un lion.

XIII.

— Allan, reprit Hélène, et l'ame de son père brilla dans ses yeux, je sais tout ce que je dois à la famille de Roderic; lady Marguerite a eu pour moi tous les soins d'une mère, depuis que la fille de sa sœur est devenue orpheline dans ces déserts. J'ai contracté une dette plus sacrée encore envers le brave Chef, son fils, qui protège mon père contre la vengeance du roi d'Écosse : si je pouvais m'acquitter avec mon sang, je le donnerais volontiers à Roderic. Oui, Allan, il peut demander mon sang et ma vie,... mais non ma main. Plutôt que d'épouser l'homme qu'elle ne peut aimer, Hélène Douglas préférerait s'ensevelir dans le cloître de Saint-Maronnan, ou même aller au-delà des mers, errer sans asile et implorer la froide charité des hommes dans ces lieux où jamais ne fut prononcé un mot écossais, où jamais le nom de Douglas ne fut entendu.

XIV.

— Tu balances ta tête blanchie, ami fidèle; tes regards ne me disent en faveur de Roderic rien que je n'avoue. Oui, Roderic est vaillant; mais il est terrible comme la vague menaçante de Bracklinn; il est généreux,... excepté quand un transport de vengeance ou de jalousie embrase son cœur. Je conviens qu'il est fidèle à ses amis comme sa claymore l'est à son courage; mais ce même fer serait plus susceptible de pitié pour un ennemi que le cœur de Roderic.

Il est libéral quand il s'agit d'abandonner à son clan le butin qu'il rapporte à travers les lacs et les ravines, après avoir laissé des monceaux de cendres rougies de sang dans les plaines où s'élevait un riant hameau.

J'honore la main qui combattit pour mon père comme doit l'honorer la fille de Douglas; mais pourrai-je la serrer dans la mienne quand elle s'offre à moi toute fumante du sang des malheureux cultivateurs égorgés dans leurs chaumières? Non! Plus les qualités de Roderic répandent d'éclat, plus elles font ressortir ses passions et son orgueil; elles sont comme l'éclair dans une nuit obscure.

Encore enfant (à cet âge l'instinct nous fait distinguer nos ennemis de nos amis), je frémissais à l'aspect de son front farouche, de son plaid ondoyant et de son noir panache. Pourrais-je aujourd'hui souffrir son air hautain et superbe? Mais si c'est sérieusement que tu attribues à Roderic la prétention de devenir mon époux, j'éprouve un sentiment de douleur, je dirais même de crainte si ce mot était connu des Douglas.....

Laissons là un entretien odieux : que penses-tu, Allan, de l'étranger auquel nous avons donné l'hospitalité?

XV.

— Ce que j'en pense?... Maudit soit l'instant qui amena cet inconnu dans notre île! L'épée de ton père, fabriquée jadis par un art magique pour Archibald Tineman, alors qu'apaisant d'anciennes haines il réunit les lances des frontières aux arcs d'Hotspur, l'épée de ton père, en sortant d'elle-même du fourreau, n'a-t-elle pas annoncé l'approche d'un secret ennemi? Si un espion de la cour s'était introduit ici, que n'aurions-nous pas à craindre pour Douglas et pour cette île, qu'on regardait autrefois comme le dernier et le plus sûr retranchement du clan d'Alpine!

Mais cet étranger ne serait-il ni un ennemi, ni un espion,... que dira le jaloux Roderic?... Je n'approuve pas ton geste de dédain... Rappelle-toi la terrible querelle qui s'éleva entre Malcolm Grœme et Roderic quand tu ouvris le bal avec ce jeune Chef, aux fêtes du mois de mai : quoique ton père rétablît la concorde, le cœur de Roderic nourrit encore le feu mal éteint de ses ressentimens. Prends donc garde.....

Mais, écoutons : quel son frappe mon oreille? Je ne puis distinguer ni le soupir de la brise mourante, ni le murmure plaintif des bouleaux, ni le frémissement des trembles; aucun souffle ne ride le lac; la blanche barbe de la filage (1), est immobile : cependant, par la vertu de mon art, j'ai cru entendre... écoutons! Je reconnais les cornemuses guerrières qui font retentir au loin le pibroc des montagnards.

(1) C'est le *filago montana* de Linnée, *l'herbe à coton.* — ÉD.

XVI.

Le barde et Hélène aperçurent à l'extrémité du lac quatre points obscurs, qui, s'accroissant par degrés, parurent enfin quatre navires avec leurs agrès et leur équipage : ils descendaient de Glengyle et voguaient à pleines voiles vers l'île solitaire.

Ils passèrent la pointe de Brianchoil, et en prenant l'avantage du vent ils déployèrent au soleil le pin dessiné sur la bannière du fier Roderic.

A mesure qu'ils s'approchent on voit étinceler les lances, les piques et les haches d'armes. Déjà on distingue les tartans, les plaids et les panaches ondoyans.

Les matelots s'inclinent et se redressent chaque fois que la rame frappe les flots, qui gémissent sous leurs efforts, étincellent, et s'élèvent en vapeur. Les ménestrels sont sur le tillac; les riches banderolles qui ornent le bourdon de leurs cornemuses descendent jusque sur le sein de l'onde pendant qu'ils font résonner sur le lac l'antique chant des montagnes.

XVII.

Le pibroc retentit de plus en plus : d'abord les sons, adoucis par l'éloignement et arrêtés par les inégalités du cap et de la baie arrivaient au rivage de l'île, dépouillés de toute intonation trop rude. Mais bientôt on peut facilement reconnaître les sons aigres et perçans de la marche guerrière qui appelle aux combats le clan d'Alpine. Ce sont des notes rapides comme les pas précipités de mille guerriers qui accourent au rendez-vous, et ébranlent la terre par leur course rapide. A un prélude plus léger qui exprime ensuite leur marche joyeuse, succèdent le signal du combat, les clameurs confuses, le cliquetis des armes et le choc des boucliers. Après un repos dont le silence a quelque chose de triste, la musique retrace une nouvelle mêlée, la charge impétueuse, le cri de ralliement, la retraite changée en déroute, et la voix de la victoire qui proclame le clan d'Alpine.

Ces sons bizarres se terminaient par un murmure plaintif et prolongé qui aux clairons de la gloire faisait succéder l'hymne funèbre pour ceux qui n'étaient plus.

XVIII.

Les cornemuses avaient cessé de se faire entendre; mais le lac et les coteaux répétaient une nouvelle harmonie; un chœur de voix remplaçait les accords des instrumens guerriers; cent vassaux de Roderic célébraient les louanges de leur Chef. Chaque rameur, incliné sur son aviron, lui imprimait un mouvement cadencé, semblable au bruissement des arbres quand la brise d'hiver se glisse dans leurs rameaux dépouillés de feuilles.

Allan distingua le premier le chant entonné par le chœur, dont bientôt Hélène put aussi saisir les accens guerriers.

XIX.

LE CHANT DU CLAN D'ALPINE.

Honneur au Chef vaillant que conduit la victoire !
Honneur au noble pin que forme son cimier !
Qu'il fleurisse à jamais dans notre clan guerrier,
Et soit pour nos neveux l'étendard de la gloire.

De ta rosée, ô ciel ! féconde ses rameaux,
Et des sucs de la terre enrichis sa racine,
Qu'il donne chaque jour des rejetons nouveaux :
Célébrons à l'envi Roderic, fils d'Alpine.

Ce n'est point un rameau qu'on voit dans les campagnes
Croître avec le printemps, et l'hiver se flétrir;
Mais c'est quand les frimas règnent sur nos montagnes
Que l'on voit notre clan sous son ombre accourir.

Au milieu des rochers il fixe sa racine,
Bravant avec orgueil le courroux des autans,
Il s'affermit encor sous leurs coups impuissans;
Bredalbane et Menteith, chantez le fils d'Alpine.

XX.

Dans Glen-Fruin retentit notre pibroc sonore;
Bannochar y répond par des gémissemens;
Lomond a vu périr ses fils les plus vaillans;
Dans Glen-Luss et Ross-Dhu la flamme fume encore.

Long-temps on entendra les veuves des Saxons
Pleurer notre passage à Lennox, à Levine;
L'épouvante long-temps parcourra ces vallons
Au seul nom glorieux de Roderic Alpine.

Ramez, vassaux, ramez pour le Chef de nos clans
Et pour le noble pin qui lui sert de bannière;
Que la rose en bouton de l'île solitaire
Consente à couronner ses rameaux triomphans.

Qu'un jeune rejeton, près du lac de Katrine,
Puisse sortir enfin de ce pin glorieux,
Et sous son ombre un jour réunir nos neveux!
Qu'ils disent comme nous: Honneur au fils d'Alpine.

XXI.

Lady Marguerite accourut sur le rivage avec le joyeux cortège de ses femmes. Leurs cheveux flottaient au gré des vents; elles élevaient leurs bras aussi blancs que la neige en répétant avec acclamation le nom du Chef. Cependant, inspirée par une prévenance ingénieuse, la mère de Roderic invitait Hélène à venir sur la plage pour recevoir son parent victorieux.

— Hâte-toi, ma fille, disait-elle; hâte-toi! Tu portes le nom de Douglas, et tu hésites à venir poser la couronne sur le front d'un vainqueur!

La jeune fille obéissait à regret, et en ralentissant ses pas, à la voix de lady Marguerite, lorsqu'un cor retentit dans le lointain..... Elle s'arrête et se retourne aussitôt. — Écoute, Allan-Bane! s'écrie-t-elle; j'ai entendu le signal de mon père; c'est à nous qu'il appartient de guider l'esquif, et d'aller recevoir Douglas.

Elle a dit, et, rapide comme un rayon du soleil, elle a volé vers sa légère nacelle. Pendant que Roderic cherche parmi les femmes de sa mère celle que son cœur préfère, Hélène a déjà laissé l'île derrière elle, et son esquif aborde dans la baie.

XXII.

Il est des sentimens éprouvés par les mortels, qui appartiennent au ciel plus qu'à la terre; et s'il y a des larmes si pures que les anges n'en versent pas de plus précieuses, ce sont les larmes qu'un tendre père répand sur une fille digne de son amour : quand Douglas pressa tendrement contre son cœur sa chère Hélène, telles furent les saintes larmes qui tombèrent sur le front de la jeune fille, quoique ce fût un guerrier qui pleurât.

Hélène s'étonne de sentir expirer sur ses lèvres les expressions de la tendresse filiale; et dans son émotion, elle ne remarque pas que la crainte (indice d'un amour sincère) tient à l'écart un aimable étranger... Non, elle ne le remarque point, jusqu'à ce que Douglas l'ait nommé... C'était pourtant Malcolm Grœme.

XXIII.

Allan considérait avec une attention inquiète le débarquement de Roderic; il fixait un moment sur son

maître un regard douloureux, et soudain sa main s'empressait d'essuyer sa paupière humide. Douglas frappa doucement sur l'épaule de Malcolm, et lui dit avec bonté :
— Mon jeune ami, ne devines-tu rien dans les yeux de mon fidèle barde?.... Je vais te dire quel souvenir l'attendrit..... Il se rappelle le jour où il me précédait en célébrant ma gloire sous les arceaux de Bothwell, et dirigeant le chœur de cent ménestrels. La bannière de Percy, conquise dans une bataille sanglante, brillait devant moi, et vingt chevaliers, dont le dernier pouvait prétendre à un rang aussi élevé que celui du Chef d'Alpine, ornaient mon triomphe.

— Crois-moi pourtant, Malcolm; j'étais moins fier de toute cette pompe, de ma victoire sur le croissant humilié, des chevaliers et des lords qui formaient mon cortège, des hymnes sacrés de Blantyre et des chants flatteurs des bardes de Bothwell; j'étais moins fier, dis-je, de tous ces honneurs que je le suis des larmes de ce vieillard fidèle, et de la tendresse de cette fille bien-aimée; l'accueil que je reçois est plus sincère et plus doux pour Douglas que tout ce que la fortune m'a jamais offert de plus brillant. Pardonne, ami, l'orgueil d'un père; j'oublie avec Hélène tout ce que j'ai perdu.

XXIV.

Délicieuse louange! La timide Hélène rougit, semblable à la rose printannière qu'embellissent les gouttes de la rosée..... C'est Douglas qui parle, et Malcolm qui écoute. Pour cacher son émotion et sa joie timide, elle s'occupe tour à tour des chiens et du faucon. Sa main caressante appelle les limiers, qui s'approchent d'elle en rampant et d'un air soumis; sa voix connue fait voler à elle le faucon, qui se pose sur la main qu'il chérit, replie ses noires ailes, baisse ses yeux brillans, et ne songe point à fuir, quoique sans chaperon.

On eût cru voir dans la fille de Douglas la déesse qui présidait jadis aux forêts. Si la tendre partialité d'un père vantait trop les vertus et la beauté d'Hélène, l'œil d'un amant les exagérait encore davantage; car chacun de ses furtifs regards exprimait l'enthousiasme de son ame.

XXV.

Malcolm Grœme était d'une taille élancée, mais bien prise et robuste. Jamais le plaid et le tartan ne couvrirent des membres plus gracieux. Ses cheveux dorés se bouclaient élégamment autour de sa toque bleue; son œil d'aigle distinguait le ptarmigan sur la neige; chasseur habile, il connaissait tous les défilés qui conduisent aux montagnes et aux lacs de Menteith et de Lennox. Vainement le chevreuil bondit et s'élance quand Malcolm a tendu son arc retentissant; il l'atteindrait presque à la course, même quand la peur lui donnerait des ailes. Malcolm gravit hardiment le pic escarpé de Ben-Lomond sans perdre haleine. Tous les traits de son visage sont en harmonie avec son ame ardente, franche et généreuse. Trop heureux avant de voir Hélène, son cœur ignorait les soucis de l'amour, et battait en liberté dans son sein.

Mais les amis du jeune homme, qui connaissaient sa haine pour l'oppression, et son zèle pour la vérité, les bardes qui voyaient ses nobles regards s'enflammer au récit des anciens faits d'armes, disaient tous que, lorsque Malcolm serait parvenu à l'âge viril, la gloire de Roderic n'occuperait plus seule la renommée dans les montagnes, et pâlirait devant celle de l'héritier des Grœme.

XXVI.

Cependant la nacelle retourne vers l'île, et Hélène dit à Douglas : — Pourquoi allez-vous, ô mon père! chasser si loin? Pourquoi vous absenter si long-temps? et pourquoi?... Ses yeux, tournés du côté de Malcolm, dirent le reste.

— Ma fille, répondit Douglas, la chasse, pour laquelle j'ai tant d'ardeur, est pour moi l'image de l'art plus noble de la guerre ; si j'étais privé de ce passe-temps des braves, que resterait-il à Douglas?...

— J'ai rencontré le jeune Malcolm dans les bois de Glenfinlas, où je m'étais égaré. J'avoue que je courais un vrai danger, car tous les alentours étaient remplis de chasseurs et de cavaliers... Ce jeune homme, quoique sous la tutèle du roi, a risqué sa vie et ses biens pour m'offrir son secours. Il a guidé mes pas, et m'a fait éviter les gens qui s'étaient mis à ma poursuite. J'espère qu'oubliant une ancienne querelle, Roderic lui fera un bon accueil pour l'amour de Douglas. Malcolm gagnera ensuite le vallon de Strath-Endrick, et cessera de courir aucun risque pour moi.

XXVII.

Sir Roderic, qui s'avançait à leur rencontre, rougit de colère à la vue de Malcolm Grœme; mais, dans ses actions et ses paroles, il respecta religieusement les droits de l'hospitalité.

Toute la matinée se passa en jeux et en entretiens paisibles; mais il arriva sur le midi un courrier pressé qui parla secrètement au chevalier, dont l'air sombre annonça qu'il recevait de fâcheuses nouvelles. De profondes pensées semblaient tourmenter son esprit. Ce ne fut cependant qu'après le banquet du soir qu'il réunit autour du foyer sa mère, Douglas, Hélène et Malcolm : tantôt il promenait ses regards autour de lui, et tantôt il les fixait sur la terre, comme un homme qui étudie la manière la plus convenable de commencer un triste récit. Il mania long-temps, comme par distraction, la poignée de sa dague; et puis, prenant soudain un air fier, il dit :

XXVIII.

— Je vais parler en peu de mots; le temps presse, et d'ailleurs les phrases préparées répugnent à ma franchise naturelle... Écoutez-moi tous, vous d'abord mon cousin et mon père, si Douglas du moins permet à Roderic de lui donner ce nom... ma respectable mère, et vous, Hélène... Pourquoi détournez-vous la vue? ô mon aimable cousine!... Toi aussi, Grœme, en qui j'espère bientôt reconnaître un ami ou un ennemi généreux, quand l'âge t'aura donné tes domaines et le commandement de tes vassaux ! Prêtez-moi tous votre attention. — L'orgueil vindicatif du roi se vante d'avoir dompté nos frontières, où des Chefs, qui étaient allés joindre leur prince à la chasse avec leurs meutes et leurs faucons, tombèrent eux-mêmes dans un piège funeste, et d'autres, qui avaient préparé un banquet et croyaient recevoir un hôte royal, furent indignement pendus aux portes de leurs châteaux. Leur sang crie vengeance dans les prairies de Meggat, parmi les fougères de l'Yarrow, sur les rives de la Tweed, dans les lieux qu'arrose l'onde solitaire de l'Ettrick, et sur les bords du Teviot; tous ces vallons, où des clans guerriers guidaient leurs chevaux, ne sont plus que d'arides déserts. Le tyran de l'Écosse, si connu par ses perfidies et ses vengeances, vient dans ces lieux : c'est le même dessein qui l'amène; il a choisi de nouveau le prétexte de la chasse : que le sort des guerriers de la frontière nous fasse juger de la grace que peuvent espérer de lui les Chefs des montagnes! Bien plus, on t'a reconnu, ô Douglas! dans la forêt de Glenfinlas : j'en suis informé par un espion sûr, et je te demande ton avis dans cette situation critique.

XXIX.

Hélène et lady Marguerite, saisies d'effroi, cherchèrent à se rassurer mutuellement dans les regards l'une de l'autre, et puis elles tournèrent leurs yeux effarés, Hélène vers son père, lady Marguerite vers son fils. Le visage de Grœme changea plusieurs fois de couleur; mais on voyait bien que ce n'était que pour Hélène qu'il concevait des craintes. Triste, mais sans paraître abattu, Douglas donna son avis en ces termes :

— Brave Roderic! l'orage gronde, mais il peut passer après une vaine menace. Cependant je ne puis me résoudre à demeurer ici une heure de plus pour attirer la foudre sur ta demeure; car tu n'ignores pas que c'est surtout ma tête blanchie par l'âge que cherche la colère du roi. Pour toi, qui peux mettre à la disposition de ton souverain une troupe de vaillans guerriers, ton hommage et ta soumission doivent détourner les ressentimens du monarque.

Malheureux débris de la maison de Douglas, Hélène et moi nous irons chercher un refuge dans quelque grotte sauvage, et là, comme le cerf échappé à la meute, nous attendrons que les chasseurs aient cessé de battre les montagnes et les clairières.

XXX.

— Non, non, je le jure sur l'honneur, s'écria Roderic, il n'en sera point ainsi, grace au ciel et à ma fidèle épée! non, jamais!... Que je voie à jamais flétrir ce pin qui fut le cimier de mes ancêtres, si je souffre que la postérité des Douglas s'éloigne de son ombre à l'heure des dangers. Écoute ma proposition un peu brusque peut-être : accorde-moi ta fille pour épouse et les conseils de ton expérience pour appui; assez d'amis et d'alliés viendront se ranger autour de Roderic et de Douglas réunis. Un même intérêt, une même défiance nous associeront tous les Chefs de l'ouest. Quand les cornemuses sonores annonceront mon hymen, les échos des rives du Forth répéteront un son d'alarmes, les gardes de Stirling tressailleront; et quand j'allumerai le flambeau nuptial, l'incendie de mille villages troublera de ses sinistres lueurs le sommeil du roi Jacques. Mais non : Hélène, vous avez tort de pâlir, et vous, ma mère, d'exprimer ainsi votre effroi. Dans mon ardeur belliqueuse, j'en ai dit plus que je ne pensais..... quel besoin aurons-nous de faire des excursions dans les plaines, ou de livrer des batailles, quand le sage Douglas pourra réunir par un lien d'amitié tous les clans de nos montagnes pour garder nos passages et forcer le roi, déçu dans son espoir de conquête, à retourner avec honte à Édimbourg.

XXXI.

Il est des hommes qui, à l'heure du sommeil ont gravi le sommet d'une tour suspendue sur l'Océan; là, bercé par le murmure monotone des vagues mugissantes, ils achèvent tranquillement leur rêve dangereux. Mais, quand le retour du jour les réveille, quand un de ces hommes endormis ouvre enfin ses yeux frappés des premiers rayons de l'aurore, et les plonge dans l'abîme sans fond ouvert sous ses pas, quand il entend l'éternel murmure des flots, et que le rempart étroit sur lequel il repose lui semble si peu solide qu'il le voit se balancer comme le fragile tissu de l'araignée qu'agite le vent, ne sent-il pas dans le délire de ses sens le désir désespéré de se précipiter dans l'onde, et d'aller au-devant de la mort dont sa peur le menace? telle Hélène, troublée par l'abîme qui s'ouvre tout à coup autour d'elle, égarée par ses craintes, dont son père est surtout l'objet, Hélène résiste à peine à la pensée désespérée de sauver Douglas par le sacrifice de sa main.

XXXII.

Malcolm devine dans le regard effaré d'Hélène et dans le mouvement convulsif de ses lèvres cette incertitude fatale; il se lève pour prendre la parole, mais, avant qu'il eût encore pu rien dire, Douglas avait remarqué la lutte pénible qui déchirait le cœur de sa fille, comme si la vie y eût été aux prises avec la mort. Tout son sang en effet avait un moment coloré ses joues, qui presque aussitôt furent couvertes d'une pâleur mortelle.—Roderic, s'écria le vieillard, ma fille ne peut être ton épouse. Cette soudaine rougeur n'est pas celle qui fait sourire les amans, cette pâleur n'exprime point les craintes d'une pudeur timide. Cet hymen est impossible. Pardonne-lui son refus, noble Chef, et ne hasarde plus rien pour notre sûreté. Douglas ne lèvera jamais une lance rebelle contre son roi: ce fut moi qui instruisis sa jeune main à guider les rênes d'un coursier et à manier une épée. Je crois voir mon prince encore enfant; Hélène ne me rendait ni plus fier ni plus heureux; je l'aime encore malgré les outrages dont il m'accabla dans dans le premier mouvement d'une colère irréfléchie, et trompé par de perfides délateurs. O Roderic ! demande ton pardon ; il te sera facile de l'obtenir en séparant ta cause de la mienne.

XXXIII.

Deux fois le Chef parcourut la salle à grands pas ; son front farouche où le dépit le disputait à la colère, et les plis flottans de son tartan, le faisaient apparaître, à la sombre lueur des torches, comme le démon malfaisant de la nuit qui étend ses noires ailes sur le pèlerin égaré ; mais l'amour dédaigné perçait surtout le cœur de Roderic de ses traits envenimés. Roderic saisit la main de Douglas. Ses yeux, qui jusque-là ignoraient les larmes, en versèrent pour la première fois de bien amères ; les angoisses d'un espoir trahi luttaient dans son sein avec son orgueil qui ne pouvait étouffer entièrement ses sanglots convulsifs, trahis par le silence qui régnait autour de lui.

Hélène ne put supporter le désespoir du fils et les regards de la mère ; elle se leva pour s'éloigner, Grœme se préparait à suivre ses pas et à la soutenir.

XXXIV.

Soudain Roderic quitte Douglas... Comme on voit la flamme s'élancer à travers de noires vapeurs et changer leurs tourbillons en une vaste mer de feu, de même la jalousie de Roderic éclata tout à coup, et dissipa le sombre abattement de son désespoir.

Sa terrible main saisit l'agrafe qui fixait le plaid de Malcolm sur son sein.

— Arrête ! s'écria-t-il d'une voix menaçante ; arrête, jeune homme : ne te souvient-il donc plus de la leçon que tu reçus de moi? Rends graces à ce toit hospitalier, à Douglas et à sa fille, si je retarde encore ma vengeance.

Grœme s'élance sur Roderic avec la promptitude du lévrier qui atteint sa proie. — Je le jure par mon nom, dit-il, ce Chef barbare ne devra la vie qu'à son glaive.

Leurs mains cherchent à saisir la dague ou l'épée; un combat à mort allait terminer cette scène de fureur; mais Douglas, dont la force et la stature étaient celles d'un géant, se jeta entre les deux rivaux : — Arrêtez! dit-il; le premier qui frappe se déclare mon ennemi! Insensés! ne rougissez-vous pas de cette violence frénétique? Quoi donc! Douglas est-il tombé si bas, que sa fille soit le prix d'un combat aussi déshonorant?

Confus l'un et l'autre, ils lâchent prise, mais à regret, se regardant d'un air farouche, le pied en avant et l'épée à demi tirée du fourreau.

XXXV.

Avant que le fer eût brillé, lady Marguerite avait saisi le manteau de Roderic, et Malcolm avait entendu la voix d'Hélène semblable au cri plaintif d'un songe funeste.

Enfin Roderic laisse retomber son épée dans le fourreau, et déguise sa rage par des mots pleins d'ironie.

— Que Malcolm demeure ici jusqu'au matin; ce serait être inhumain que d'exposer son teint délicat à l'air froid de la nuit : il pourra demain aller dire à Jacques Stuart que Roderic saura défendre ce lac et ces montagnes, mais qu'il n'ira pas grossir, avec les hommes libres de son clan, le pompeux cortège d'un prince dont il se croit l'égal. Si le monarque veut connaître par lui-même le clan d'Alpine, Malcolm lui dira quelles sont nos forces et les passages qui mènent ici... Malise! approche...

C'était l'écuyer, qui accourut à l'ordre de son chef.

— Malise, continua Roderic, donne un sauf-conduit à Grœme.

Le jeune Malcolm répondit avec une calme assurance.

— Ne crains rien pour ton asile secret.

Les lieux qu'un ange daigna embellir de sa présence sont sacrés, quoique des bandits en fassent leur séjour. Réserve ton insultante courtoisie pour ceux qui ont peur d'être tes ennemis. Les sentiers des montagnes seront aussi sûrs pour moi pendant la nuit qu'en plein jour, quand Roderic lui-même et ses plus braves vassaux voudraient s'opposer à mon passage.

Brave Douglas !..... aimable Hélène! je ne vous dis pas adieu ; il n'est pas sur la terre de retraite assez retirée pour que nous ne puissions nous y revoir un jour..... Toi aussi, Chef du clan d'Alpine, je saurai te retrouver.

Il dit, et s'éloigne de cette demeure rustique.

XXXVI.

Le vieux Allan le suivit jusque sur la plage (tel fut l'ordre de Douglas). Le vieux barde lui apprit que le farouche Roderic venait de jurer que, dès le lever de l'aurore, la croix de feu parcourrait les vallons, les ravins et les bruyères de la contrée ; Grœme serait menacé des plus grands périls s'il rencontrait ceux qui devaient se réunir à ce signal. Il serait plus sûr pour lui de débarquer à l'extrémité la plus haute du lac; Allan s'offrit de le conduire lui-même dans l'esquif.

Les vents emportèrent ses conseils; Malcolm inattentif roulait les plis nombreux de son plaid autour de ses armes, et se dépouillait de ses vêtemens pour traverser le lac à la nage.

XXXVII.

Puis s'adressant tout à coup au ménestrel: — Adieu, modèle de la fidélité des temps antiques, dit-il en lui pressant la main avec amitié; adieu. Oh! que ne puis-je disposer d'un asile!... Mon souverain a la tutelle de mes domaines; un oncle commande mes vassaux : pour résister à ses ennemis et pour aider ses amis, le pauvre Malcolm n'a que son courage et son épée. Cependant, s'il est un seul Grœme fidèle qui aime encore le Chef de son nom, Douglas cessera bientôt d'errer dans les montagnes; et avant que cet orgueilleux bandit ose..... Dis à Roderic que je ne lui dois rien, pas même un esquif pour me transporter loin de son île.

Il se précipite à ces mots dans le lac, tient sa tête élevée au-dessus de l'onde, et s'éloigne fièrement. Allan le suit des yeux dans le trajet.

L'habile nageur, guidé par la clarté de la lune, fend les flots avec la rapidité du cormoran. Arrivé sur l'autre plage, il annonce par un cri qu'il est en sûreté; le ménestrel entend sa voix lointaine, et retourne moins triste vers Douglas.

FIN DU CHANT SECOND.

LA DAME DU LAC.

CHANT TROISIÈME.

LA CROIX DE FEU.

I.

Le Temps ne s'arrête jamais dans son vol rapide. La génération passée, qui berça notre enfance sur ses genoux et amusa notre crédule jeunesse par les antiques légendes et les merveilleux récits de ses aventures, est aujourd'hui effacée de la vie. Dépouillés de leurs forces, et semblables aux débris d'un naufrage, quelques vieillards encore attendent sur les bords de la sombre mer de l'éternité que le reflux de ses vagues les entraine loin de notre vue. Le Temps ne s'arrête jamais dans son vol rapide.

Cependant il en est qui vivent encore et se rappellent cette époque où le son du cor d'un Chef des montagnes était un signal reconnu dans les campagnes et les forêts, sur les rochers arides, au fond des vallons et au milieu des bruyères du désert. Les clans fidèles venaient en foule se ranger autour de lui ; chaque famille déployait sa bannière, la cornemuse guerrière appelait aux armes, et la croix de feu circulait au loin comme un météore.

II.

Les doux reflets de l'aube matinale colorent de pourpre l'azur du loch Katrine ; la brise amoureuse de l'ouest caresse de ses ailes le sein paisible de l'onde, et glisse légèrement à travers le feuillage de la rive ; un doux frémissement agite à peine le lac, tel qu'une vierge qui dissimule en tremblant le plaisir qui l'émeut ; les ombres des monts n'étendent plus sur son cristal limpide qu'un voile douteux dont les mobiles et brillans réseaux ressemblent aux vagues espérances et aux désirs de l'imagination ; le nénuphar ouvre le calice argenté de ses fleurs ; la biche se réveille et conduit son faon dans la plaine étincelante des perles de la rosée ; les vapeurs diaphanes abandonnent les flancs des montagnes ; le torrent précipite ses flots écumeux ; invisible dans son essor, l'alouette réjouit les airs de ses chants ; le merle et la grive tachetée saluent l'aurore dans les buissons touffus, et le ramier leur répond en roucoulant ses airs de mélancolie et d'amour.

III.

Nulle pensée de repos et de paix ne peut dissiper l'orage qui gronde dans le sein de Roderic ; armé de sa claymore, il parcourt d'un pas précipité le rivage de l'île ; il regarde le ciel et porte sa main impatiente sur la garde de son glaive. Cependant ses vassaux disposaient à la hâte, sous l'abri d'un rocher, la cérémonie qui allait se célébrer, et dont les apprêts étaient entremêlés de rits mystérieux et lugubres.

L'ancien usage voulait qu'avant de faire partir la croix de feu, on n'oubliât aucun des sombres préludes de cette solennité. La foule respectueuse reculait souvent avec effroi en rencontrant le regard courroucé de Roderic, semblable à celui de l'aigle des montagnes, quand ce tyran des airs fond des hauteurs du Ben-Venu, déploie ses noires ailes, étend son ombre redoutée sur le lac, et fait taire le peuple timide des oiseaux.

IV.

On voit s'élever un amas de branches flétries de genévrier et d'arbustes sauvages, mêlés aux débris d'un chêne récemment brisé par la foudre. Brian l'Ermite, les pieds nus, avec son froc et son capuchon, se tient debout près de ce bûcher. Sa barbe horrible et ses cheveux mêlés rendent plus sombre son visage où se peint le désespoir ; ses jambes et ses bras nus portent les hideuses cicatrices d'une pénitence fanatique. Le danger qui menaçait son clan avait tiré ce sauvage anachorète de la solitude où il vivait parmi les arides rochers du Benharow. Son aspect n'était point celui d'un prêtre chrétien, mais plutôt d'un druide impitoyable, sorti de la nuit des tombeaux, et capable de voir un sacrifice humain d'un œil serein. Il mêlait, disait-on, plusieurs mots profanes du paganisme aux prières que murmurait sa bouche. La sainte croyance qu'il professait ne donnaît qu'un caractère plus imposant et plus terrible à ses malédictions.

Le simple villageois n'allait point implorer les prières de cet ermite, le pèlerin évitait sa grotte, et le chasseur, qui en reconnaissait les alentours, rappelait soudain ses limiers ; ou, si l'habitant des montagnes le rencontrait dans quelque vallon ou ravin solitaire, il implorait la pitié du ciel et se signait avec un sentiment de terreur qui ressemblait à la dévotion.

v.

D'étranges bruits couraient sur la naissance de Brian. — Sa mère veillait pendant la nuit près d'une bergerie construite dans une vallée affreuse, où étaient entassés çà et là des ossemens, restes oubliés d'une ancienne bataille et blanchis par la pluie et le souffle des vents. Le cœur d'un guerrier lui-même eût frémi à la vue de ce monument de la guerre. Ici les racines du gazon enchaînaient une main qui, jadis armée du glaive, forçait les rangs d'un bataillon bardé de fer ; le mulot, hôte faible et craintif, avait placé son gîte sous ces os dont l'ample circonférence protégeait naguère comme un bouclier un cœur ignorant la crainte. Là ce reptile qui déroule si lentement ses anneaux avait laissé son écume visqueuse sur de fragiles ossemens qui défiaient les années; plus loin on voyait aussi le crâne d'un ancien Chef encore couronné d'une verte guirlande, car le liseron s'était plu à remplacer le cimier et le panache par ses campanules purpurines.

C'était dans ce sombre lieu que la mère de Brian avait passé une nuit, enveloppée dans les plis de sa mante : elle assura qu'aucun berger ne s'était approché d'elle, que la main d'aucun chasseur n'avait dénoué son snood; et pourtant depuis lors Alix ne porta plus le ruban des jeunes vierges pour fixer les tresses de sa chevelure; sa pudique gaieté s'était évanouie; sa ceinture virginale devint trop étroite; elle évita depuis cette funeste nuit les temples et les solennités religieuses; renfermant son secret dans son ame, elle l'emporta avec elle dans la tombe, et mourut en devenant mère.

VI.

Dès sa plus tendre enfance, Brian vécut solitaire au milieu de ses jeunes compagnons, toujours rêveur et chagrin, ennemi de la joie et de la sympathie, et semblant confirmer par son caractère la fable de sa naissance mystérieuse.

Il passait des nuits entières au clair de la lune, confiant sa mélancolie aux bois et aux ondes, jusqu'à ce que dans son délire, ajoutant foi lui-même à tout ce que la crédulité superstitieuse racontait de son origine, il en vint à chercher son père fantastique dans les sombres vapeurs et les météores. Vainement les cloîtres lui ouvrirent leurs charitables asiles pour adoucir sa bizarre destinée; vainement les livres de la science lui communiquèrent leurs trésors; il n'y trouva que de nouveaux alimens pour nourrir la fièvre de son imagination, et il lut avec avidité tout ce qui avait rapport à la magie, aux secrets cabalistiques et aux enchantemens : ses sombres méditations augmentèrent son orgueil sans rassasier sa curiosité. Enfin, l'ame en délire, et le cœur déchiré par de mystérieuses horreurs, il alla cacher son désespoir dans la grotte obscure du Benharow, et renonça aux habitations des hommes.

VII.

Le désert lui offrit d'étranges visions, qui eussent été

dignes de l'enfant d'un spectre. Aux lieux où les torrens luttent contre de noirs rochers, il contemplait les flots écumeux, jusqu'à ce que ses yeux éblouis vissent apparaître le démon des eaux. Pour lui le brouillard des montagnes prenait la forme d'une magicienne nocturne ou d'un hideux fantôme; le vent sauvage de la nuit apportait à son oreille les voix plaintives de la tombe; les champs de bruyère devenaient des théâtres de futurs combats, où la mort moissonnait les rangs des guerriers. C'est ainsi que ce prophète solitaire, séparé de tout le genre humain, se créa un monde imaginaire. Un reste de sympathie le tenait encore lié aux mortels. Sa mère, seul parent qu'il pouvait réclamer, appartenait à l'antique clan d'Alpine. Depuis peu, il avait entendu, dans ses songes surnaturels, le cri prophétique de la fatale Ben-Shie (1); au vent de la nuit s'étaient mêlés les pas retentissans de nombreux coursiers, qui semblaient charger l'ennemi sur les rochers de Benharow, inaccessibles aux mortels. La foudre avait frappé un vieux pin; tout présageait malheur à la race d'Alpine. Brian ceignit ses reins, et vint déclarer tous ces augures menaçans.

Tel est l'homme qui se dispose à faire entendre ses prières ou ses malédictions, selon les ordres que donnera le chef de sa tribu.

VIII.

Tout est prêt. On apporte de la montagne un bouc, patriarche du troupeau; on le dépose devant la flamme pétillante du bûcher; le fer de Roderic lui entr'ouvre le sein. La victime mourante voit d'un œil résigné les flots

---

(1) Mauvais génie d'Écosse. — Éd.

de son sang qui rougissent sa barbe épaisse et son corps velu, jusqu'à ce que les ombres de la mort viennent obscurcir ses prunelles flétries. Le prêtre, en murmurant une prière, forme avec soin une croix d'une coudée de longueur, dimension consacrée par l'usage. On avait choisi les rameaux d'un if qui, dans l'île d'Inch-Cailliach, étendait son ombre sur les tombeaux du clan d'Alpine, et qui, répondant aux soupirs des brises du lac Lomond, berçait de son frémissement monotone l'éternel sommeil de maint Chef enseveli.

Brian éleva cette croix d'une main décharnée ; il promena ses yeux hagards autour de lui, et pénétra d'une émotion étrange tous ceux qui l'entendirent prononcer ces anathèmes :

IX.

— Malheur à l'homme de notre clan, qui, voyant ce symbole formé de l'if funéraire, oubliera que ces rameaux eurent leurs racines dans ces lieux où le ciel fait tomber sa rosée sur les tombeaux des fils d'Alpine ! Traître à son Chef, il ne mêlera point sa poussière à celle des guerriers de sa race ; mais, rejeté loin de ses pères et de sa famille, il entendra tout le clan le maudire et appeler le malheur sur sa tête.

Ici Brian s'arrêta. Ses derniers mots furent répétés par les vassaux de Roderic, qui, faisant un pas en avant et jetant des regards terribles, agitèrent leurs épées dans l'air, et choquèrent rudement leurs boucliers. Leurs clameurs confuses s'élevèrent d'abord comme un murmure lent et prolongé ; puis, semblables au cours d'un torrent qui se précipite en courroux vers la mer, et brise contre le rivage tous ses flots réunis, elles éclatèrent avec fracas : — Malheur au traître ! malheur !

La tête chauve du Ben-An fut frappée de ces accens; le loup sortit avec joie de sa retraite, et l'aigle poussa un cri de triomphe en reconnaissant le cri de guerre du clan d'Alpine.

x.

Quand le silence régna de nouveau sur le lac et dans la forêt, le moine continua ses exorcismes. Pendant qu'il approchait du feu les extrémités de la croix, sa voix sourde avait un son qui inspirait la terreur : le peu de mots qu'on entendit ressemblaient plutôt au blasphème qu'à la prière, quoiqu'il y eût mêlé le saint nom de la Divinité ; mais, quand il agita sur la foule la croix allumée, il s'écria :

— Maudit soit le misérable qui refuse de s'armer de la lance à l'aspect de ce signal redouté! De même que le feu dévore ce symbole, un pareil sort l'attend dans sa demeure, asile de la lâcheté! Les tourbillons de l'incendie y proclameront la vengeance du clan d'Alpine, tandis que les jeunes filles et leurs mères appelleront sur sa tête la misère et la honte, l'infamie et la douleur!

Alors retentirent les aigres clameurs des femmes, semblables aux sifflemens des autours sur les montagnes : leurs imprécations s'unissaient aux bégaiemens de l'enfance, qui cherchait aussi à maudire la trahison; elles disaient :

— Que la maison du lâche s'écroule, et soit consumée par les flammes! Maudite soit la plus humble chaumière qui servira d'abri à la tête proscrite que nous vouons à l'infamie et au désespoir!

— L'écho gémit, ô Coir-Uriskin! dans ta caverne habitée par des fantômes! Un cri lugubre fut entendu dans ce sombre ravin où les bouleaux balancent leur feuillage sur Beala-nam-Bo !

XI.

Le prêtre observe de nouveau un silence profond : son souffle a peine à s'échapper de sa poitrine oppressée ; ses dents se heurtent ; sa main se ferme avec un mouvement convulsif, et ses yeux étincellent. Il médite une malédiction plus terrible encore contre celui qui désobéirait au signal qui l'appelle au secours de son Chef ; il éteint dans le sang les branches enflammées de la croix ; il élève une dernière fois ce signal, et sa voix sépulcrale prononce ces paroles :

— Quand cette croix parcourra de main en main les domaines du fils d'Alpine, pour appeler ses vassaux aux armes, que l'oreille qui feindra de ne pas entendre soit frappée de surdité ! que le pied qui refusera d'accourir demeure à jamais immobile ! que les corbeaux déchirent les yeux indifférens ! que les loups dévorent le cœur du lâche ! comme ce sang immonde rougit la terre, que son sang abreuve ses foyers ! que le flambeau de sa vie s'éteigne comme cette flamme ! que lui seul il implore en vain la grace dont ce symbole est le gage pour tous les hommes.

Il a dit. Aucun écho ne répéta le murmure approbateur qui répondit à cette imprécation.

XII.

Alors l'impatient Roderic prit le symbole de la main de Brian :

— Pars, Malise, pars ! dit-il en remettant la croix à son brave écuyer : la prairie de Lanric est le lieu du rendez-vous. Le temps presse ;..... pars, Malise, pars !

Semblable à l'agile francolin qui fuit la serre cruelle

des autours, une nacelle sillonne le lac Katrine. L'écuyer se tient à la proue; les rameurs font des efforts si rapides, que l'écume soulevée par le premier coup de l'aviron bouillonnait encore sur le sable de l'île lorsqu'ils atteignirent le rivage opposé : mais la nacelle en était encore à douze pieds de distance, que déjà le messager des combats avait franchi légèrement l'espace qui le séparait de la plage.

XIII.

— Vole, Malise, vole ! Jamais la peau fauve du daim ne fut attachée à un pied plus agile (1). Vole, Malise, vole ! Jamais un plus pressant motif ne doubla ta force et ton activité. Gravis sans reprendre haleine la montagne escarpée; descends de sa crête aérienne comme le torrent impétueux; traverse d'un pas prudent les fondrières et le sol mouvant des marais; franchis le ruisseau comme le chevreuil bondissant; glisse-toi dans la fougère comme le chien du chasseur. La montagne est haute; mais ne recule pas à la vue de sa pente rapide. Ton front est brûlant, tes lèvres sont desséchées par la soif; mais ne t'arrête pas auprès de la source. Héraut des combats et de la mort, achève ton message ! Ce ne sont point les traces d'un cerf blessé que tu suis; ce n'est point la jeune fille que tu veux atteindre dans le bocage; tu ne disputes point à tes rivaux le prix de la course : mais le danger, la mort et la gloire t'ont choisi pour leur messager. Vole, Malise, vole !

XIV.

A la vue du symbole fatal, les habitans des chaumières et des hameaux courent aux armes; les ravins sinueux,

(1) Voyez la note 9.

les coteaux boisés, envoient leurs valeureux guerriers. Le messager passait sans s'arrêter; il montrait le signal, nommait le lieu du rendez-vous, et, s'éloignant avec la vitesse du vent, laissait derrière lui la surprise et les clameurs. Le pêcheur quittait le sable du rivage; le noir forgeron s'armait de l'épée; l'heureux moissonneur abandonnait sa faucille; dans les guérets le soc de la charrue restait oisif au milieu du sillon; les troupeaux erraient sans gardien; le chasseur cessait de poursuivre le cerf aux abois, et le fauconnier rendait la liberté à son faucon. Docile au signal d'alarme, chaque vassal du fils d'Alpine se préparait aux combats; le tumulte et l'épouvante parcouraient le rivage d'Achray.

Lac délicieux! hélas! l'écho de tes rives n'était pas fait pour répéter des sons de terreur! L'image des rochers et des bois se réfléchit avec un calme si pur dans ton paisible cristal!... Les gracieux accords de l'alouette elle-même du haut de son nuage ont quelque chose de trop bruyant, peut-être, pour la douce mélancolie de tes sites.

xv.

Vole, Malise, vole! — Le lac est déjà derrière lui : les cabanes de Duncraggan se montrent enfin, et semblent des rochers tapissés de mousse, à demi aperçus et à demi cachés dans la verdure des taillis! c'est là que tu vas pouvoir goûter le repos et laisser au chef de ces domaines le soin de faire circuler le signal des dangers. Tel qu'un épervier qui fond sur sa proie, l'écuyer de Roderic s'élance dans le vallon; il approche : quels lamentables accens frappent son oreille! Ce sont les chants plaintifs des funérailles, les gémissemens des femmes! Un brave chasseur ne sera plus la terreur des forêts! un guerrier valeureux ne cueillera plus les palmes de la gloire ! Qui pourra le remplacer auprès de Roderic dans le noble exercice de la chasse et dans la mêlée des batailles? Le château est tendu de noir, les rayons du jour en sont bannis, et remplacés par la lueur des torches lugubres ; Duncan est déposé dans le cercueil que sa veuve mouille de ses larmes : son fils aîné se tient tristement auprès d'elle ; le plus jeune pleure sans savoir pourquoi. Les vierges du hameau et leurs mères prononcent le coronach des funérailles.

XVI.

LE CORONACH.

Il n'est plus l'honneur des montagnes !
A l'heure du danger nous l'avons vu périr,
Comme on voit l'onde se tarir
Quand le soleil d'été va brûler nos campagnes !

Mais une bienfaisante pluie
Soudain fait rejaillir la source du coteau :
Duncan va descendre au tombeau ;
A nos cœurs pour toujours l'espérance est ravie !

La faucille du laboureur
Épargne les moissons qui sont vertes encore :
Hélas ! la voix de la douleur
Gémit sur le guerrier qui tombe à son aurore !

Le souffle des froids aquilons
Dépouille la forêt des feuilles jaunissantes :
La fleur qu'aujourd'hui nous pleurons,
Jeune encore, brillait de couleurs éclatantes !

Agile chasseur des coteaux,
Ta prudence savait préparer la victoire ;
Ton bras nous guidait à la gloire :
Duncan, tu vas dormir du sommeil des tombeaux !

Tel que la vapeur des montagnes,
Tel que le flot qu'on voit des monts jaillir soudain,
Et fuir au loin dans les campagnes,
Le héros, parmi nous, n'a vécu qu'un matin !

XVII.

Voyez Stumah (1), qui près du cercueil contemple d'un œil surpris le corps de son maître ! Pauvre Stumah, qui au moindre geste de Duncan s'élançait plus rapide que l'éclair ! Mais il relève la tête, et dresse ses oreilles comme s'il entendait les pas d'un étranger. Ce n'est point la marche ralentie d'un ami qui vient pleurer sur le guerrier qui n'est plus, mais l'approche précipitée de la terreur. Chacun attend d'un air effaré : l'écuyer de Roderic entre dans la salle, et, s'arrêtant près du cercueil sans faire attention à la pompe funèbre qui s'offre à ses regards, il élève la croix rougie dans le sang, et s'écrie :

— Le rendez-vous est à la prairie de Lanrick ; qu'on se hâte de faire parcourir tous les domaines du clan à ce symbole redouté.

XVIII.

Angus, l'héritier de Duncan, s'élance et saisit la croix fatale. Le jeune homme s'empressa d'attacher à son côté la dague et la claymore de son père ; mais quand il aperçut sa mère qui l'observait avec une douleur muette, il se précipita dans ses bras, et déposa sur ses lèvres le baiser de ses adieux.

— Hélas ! dit-elle avec un sanglot, tu m'abandonnes !
— Mais non ; pars, montre-toi le fils de Duncan.

Angus jeta un dernier regard sur le cercueil, essuya

---

(1) Nom de chien qui répond à notre *Fidèle*. — ÉD.

une larme, poussa un profond soupir comme pour reprendre haleine, et agita avec un geste de fierté le panache de sa toque : alors, tel qu'un jeune coursier de noble race qui obtient pour la première fois la liberté d'essayer son ardeur et sa vitesse, il s'échappe, et vole à travers la bruyère, armé de la croix de feu.

Sa triste mère retint ses larmes jusqu'à ce qu'elle eût cessé d'entendre le bruit lointain de ses pas; et, voyant les yeux de l'écuyer laisser tomber les larmes d'une sympathie que son cœur ne connaissait guère, elle lui dit :

— Cousin, il a terminé sa carrière celui qui aurait dû porter ton message !...... Le chêne est tombé...... un seul de ses rejetons est aujourd'hui le dernier appui de Duncraggan; mais j'espère que le Dieu de l'orphelin protégera mon fils.

— Et vous, braves vassaux qui, fidèles dans le danger, tiriez vos glaives de leurs fourreaux au premier signe de Duncan, courez aux armes ! soyez les défenseurs de l'héritier de votre chef! laissez aux femmes et aux enfans le soin de pleurer le héros.

A ces mots le choc des armes et les clameurs belliqueuses retentissent dans la salle funèbre : tous les vassaux détachent des murailles les claymores et les boucliers; un feu passager ranime les yeux abattus de la veuve, comme si ce tumulte cher au héros allait réveiller Duncan dans son cercueil ! Mais ce courage emprunté s'évanouit bientôt; la douleur réclama ses droits, et les larmes coulèrent encore.

XIX.

Benledi reconnut la croix de feu : elle brilla comme l'éclair sur le sommet de Strath-ire, et parcourut les vallons et les collines. Le jeune Angus ne prend pas un seul instant de repos ; il laisse sécher par la brise des montagnes la larme qui vient mouiller sa paupière. Il voit enfin rouler les ondes naissantes du Teith, qui baignent la base d'un coteau boisé, dont la verdure s'étend jusque sur le sable de la rive : c'est là que s'élève la chapelle de Sainte-Brigite. Le fleuve était gonflé par la crue de ses eaux ; le pont était éloigné : mais Angus n'hésite pas, quoique les sombres flots bondissent et achèvent d'éblouir ses yeux déjà troublés par la douleur ; il se précipite à travers le torrent qui écume et rugit ; sa main droite élève la croix ; sa main gauche a saisi sa hache d'armes pour guider et raffermir ses pas. Deux fois il chancelle..... l'écume jaillit au loin, le torrent gronde avec une violence nouvelle...... Si Angus tombe...... c'en est fait de l'orphelin de Duncraggan ! Mais sa main serre la croix des combats avec plus de force, comme s'il était au moment de périr. Il parvient à la rive opposée, et gravit le sentier qui conduit à la chapelle.

XX.

Un joyeux cortège s'était rendu à la chapelle de Sainte-Brigite. Marie de Tombea s'unissait au jeune Norman, héritier d'Armandave. Les amis et les parens de l'heureux couple passaient sous les arceaux gothiques, et allaient se remettre en marche après la cérémonie nuptiale. Les vieillards, en habits de fête, souriaient au souvenir de leurs premiers plaisirs : les compagnons de l'époux cherchaient à exciter la gaieté des jeunes filles, qui feignaient de ne pas les écouter ; les enfans faisaient entendre leurs bruyantes clameurs, et les ménestrels célébraient à l'envi les attraits de la nouvelle épouse, dont l'œil était baissé avec modestie. Ses joues vermeilles rappelaient l'incarnat de la rose sur laquelle étincelle une larme de l'aurore. Elle s'avance d'un pas timide, et sa main tremblante tient les plis de son voile, dont le tissu a la blancheur de la neige.

Le fiancé marche à côté d'elle en la contemplant avec un air de triomphe, et l'heureuse mère lui parle à l'oreille avec le sourire de la joie.

XXI.

Quel est celui que le cortège rencontre sur le seuil du temple ?..... Le messager de la terreur et du trépas. Il balbutie avec l'accent de la précipitation ; ses yeux nagent dans la douleur. Encore humide des flots du torrent, souillé par la poussière, respirant à peine, il présente le signal des batailles, et répète les paroles de Malise :

— Le rendez-vous est dans la prairie de Lanrick ; hâte-toi, Norman, de porter ce signal.

Quoi donc ! faut-il qu'il abandonne la main qu'un saint nœud vient d'unir à la sienne, pour s'armer de la fatale croix et de l'épée ! faut-il que ce jour qui a commencé sous de si heureux auspices, et qui promettait des plaisirs si doux à son déclin, sépare, avant le coucher du soleil, un époux de celle dont il vient de recevoir la foi ! Cruelle destinée !..... il le faut ! La cause du clan d'Alpine, la gloire de Roderic, son terrible signal ne souffrent aucun délai, il faut partir, — Norman ; obéis sans hésiter.

XXII.

Norman se dépouille lentement de son plaid, et fixe d'un regard attendri son aimable fiancée, jusqu'à ce qu'il aperçoive les larmes qui coulent de ses beaux yeux : hélas ! ils expriment une douleur qu'il doit renoncer à adoucir. N'osant pas risquer un second regard, il part en suivant le cours de l'onde et sans tourner la tête, jusqu'à ce qu'il ait atteint le lac de Lubnaig.

Quelle pensée afflige le cœur de Norman? C'est le douloureux sentiment de l'espérance différée, et le cruel souvenir de ses vaines visions du matin. A l'impatience de l'amour se mêle en lui la noble soif de la gloire; il éprouve cette joie tumultueuse des montagnards lorsqu'ils courent à leurs lances; il brûle d'un zèle généreux pour son clan et son Chef; il se figure son retour prochain, et son triomphe lorsque après avoir combattu avec valeur, et portant sur son cimier les honneurs de la guerre, il pourra serrer sa Marie sur son sein. Exalté par ces idées, il franchit les ruisseaux et les bruyères, rapide comme l'étincelle qui jaillit du caillou; son enthousiasme martial et son amour inspirent à la fois ses chants.

XXIII.

LE CHANT DU JEUNE NORMAN.

Mon lit ce soir sera l'humble bruyère,
Et mes rideaux le feuillage des bois :
Belle Marie, aux accords de ta voix
Va succéder une chanson guerrière.

Peut-être encor qu'un plus profond sommeil
M'attend demain sur la plaine sanglante :
On entendra gémir ta voix touchante ;
Mais ton amant n'aura plus de réveil !

Je n'ose plus me retracer l'image
De la douleur qu'exprimaient tes beaux yeux ;
Je n'ose plus rêver à tes adieux ;
Ce souvenir énerve mon courage !

Mais quand l'honneur appelle nos guerriers,
Regret d'amour à sa voix doit se taire :
Oui, je le sens, ma valeur sera fière
De mériter Marie et des lauriers!

S'il faut payer ces lauriers de ma vie,
Si ton ami succombe au champ d'honneur,
Un souvenir consolera son cœur ;
En expirant il nommera Marie!

Mais si, vainqueur, je viens à tes genoux
Goûter les fruits que promet la victoire,
Tes chants d'amour à l'hymne de la gloire
Ajouteront un charme bien plus doux!

XXIV.

La voix terrible de la guerre retentit d'écho en écho dans tes plaines, ô Balquidder! Tel est, moins rapide peut-être, l'incendie qui s'étend au loin pendant la nuit, dévorant sur son passage les bruyères de tes ravines et de tes vallons, enveloppant d'un voile de pourpre tes âpres rochers, et rougissant les sombres lacs qu'ils dominent!

Le signal belliqueux réveille les sombres échos du loch Voil : il trouble le silence du loch Doine, et alarme jusqu'à leur source les flots marécageux de Balvaig.

Norman continua sa course en descendant vers le sud dans la vallée de Strath-Gartney, jusqu'à ce que tous ceux qui pouvaient réclamer le nom d'Alpine eussent pris les armes, depuis le vieillard en cheveux blancs, dont la faible main tremblait en fixant le glaive à son côté, jusqu'au jeune homme dont la flèche et l'arc faisaient à peine fuir le corbeau.

Chaque vallon isolé envoya ses soldats, qui se réunirent au rendez-vous, et formèrent une masse d'hommes prêts à combattre, semblables à ces torrens des montagnes dont les flots confondus se répandent en grossissant leur murmure, et deviennent un fleuve puissant. Tous ces vassaux de Roderic, élevés dans l'art des batailles depuis le berceau, ne respectaient d'autres liens que ceux de leur clan, d'autre serment que celui qu'ils avaient prononcé par le bras de leur Chef, d'autres lois que les ordres du fils d'Alpine.

XXV.

Ce jour-là Roderic avait parcouru les confins de Ben-Venu, et il avait envoyé ses espions pour observer les frontières de Menteith. Tous revinrent lui apprendre que rien n'annonçait la rupture de la trêve : tout était paisible dans les domaines de Grœme et de Bruce ; aucun cavalier ne se montrait dans Rednock ; nulle bannière ne flottait sur les créneaux de Cardross ; aucun signal sur les tours de Duchray ne faisait fuir par la clarté de sa flamme les hérons du loch Con ; tout paraissait paisible.

Savez-vous pourquoi le Chef va visiter avec un œil si inquiet la frontière de l'ouest avant de se rendre au lieu du rendez-vous ?

Un objet plein de charmes était caché dans une sombre gorge de Ben-Venu. Ce matin même Douglas, fidèle à sa promesse, était parti de l'île et avait été chercher un refuge dans une grotte solitaire.

Plus d'un vieux barde a célébré Coir-Nan-Uriskin dans la langue celtique ; les Saxons donnèrent un nom plus doux à cette grotte, et l'appelèrent la caverne des Esprits.

XXVI.

Jamais les pas d'un exilé ne foulèrent une retraite plus sauvage. La caverne s'ouvrait dans les flancs de la montagne, comme la blessure faite au sein d'un géant. Ses bords avaient arrêté dans leur chute plusieurs débris de rochers qu'un antique tremblement de terre avait arrachés du sommet stérile de Ben-Venu ; entassés comme des ruines éparses que le hasard a réunies, ils formaient, par leurs saillies anguleuses, l'ouverture de la grotte. Le chêne et le bouleau, entrecroisant leurs ombres épaisses, interceptaient les rayons du soleil ; mais quelquefois un rayon égaré brillait soudain à travers ce sombre crépuscule, comme le regard rapide qu'un prophète inspiré jette dans les ténébreuses profondeurs de l'avenir.

Aucun bruit ne troublait le silence solennel de ces lieux, excepté le murmure timide d'une source solitaire ; mais, quand les vents bouleversaient les ondes du lac, un tumulte sinistre qui s'élevait tout à coup annonçait l'éternelle lutte des vagues contre leurs digues ; des rochers, suspendus sur la caverne, semblaient la menacer sans cesse de leur chute. C'était un repaire pour les loups ou pour la famille du chat-pard. Telle fut cependant la retraite où Douglas et sa fille vinrent chercher un refuge.

La superstition, avec l'accent de l'effroi, arrêtait tous ceux qui auraient osé y porter leurs pas ; car, disait-elle, c'était le rendez-vous des fées et des urisks (1) de la montagne, qui venaient y célébrer leurs danses mystérieuses au clair de la lune, et qui auraient frappé de mort l'indiscret qui les eût épiés et surpris.

XXVII.

Les ombres plus épaisses du soir flottaient sur les

---

(1) Lutin des montagnes d'Écosse. — Éd.

ondes majestueuses du loch Katrine, lorsque Roderic, accompagné de quelques-uns des siens, repassa les hauteurs de Ben-Venu. Il se dirige du côté de la caverne des Esprits, à travers les arides sentiers de Bealanam-Bo: ses zélés vassaux le devancent pour mettre la nacelle à flot, car le chef avait le projet de traverser le lac pour visiter les défilés d'Achray, et y poster ses soldats. Roderic semble s'éloigner à regret; il est rêveur et reste en arrière de sa suite: un seul page, contre sa coutume, chargé de porter son épée, marche à côté de son seigneur; le reste de ses compagnons a franchi les taillis, et l'attend sur les bords du loch Katrine. C'était un beau spectacle de les voir d'une hauteur voisine, aux dernières clartés du soleil couchant! Chacun de ces guerriers, choisis parmi l'élite du clan, était remarquable par sa force et sa stature; on les reconnaissait tous de loin à leur démarche fière, à leur air martial. La brise du soir fait onduler leurs panaches et flotter leurs tartans; leurs boucliers étincellent, ils forment auprès du bateau un groupe guerrier en harmonie avec un tel rivage.

XXVIII.

Le Chef ne peut s'arracher de ces lieux si voisins de l'antre obscur où Douglas s'est retiré; il est dans le sentier qui y conduit. Le même jour, au lever de l'aurore, Roderic avait juré avec orgueil d'oublier son amour dans le tumulte des combats, et de renoncer à Hélène; mais l'homme qui voudrait arrêter un fleuve avec une digue de sable, ou enchaîner un incendie avec des liens, entreprendrait une tâche plus facile que s'il jurait de dompter l'amour.

Le soir trouve Roderic errant autour du trésor qu'il

a perdu, comme une ombre privée du repos de la tombe : son cœur trop fier se refuse la douceur de voir une dernière fois celle qu'il aime ; mais il cherche encore avec une tendre inquiétude à saisir les accens de sa voix, et maudit dans sa pensée la brise qui, jalouse de son bonheur, agite les arbres de la grotte. Mais silence!... Quels accords se mêlent au bruissement du feuillage? C'est la harpe d'Allan-Bane qui prélude avec un murmure solennel, et accompagne un hymne religieux. Quelle est cette douce voix qui se marie à l'instrument harmonieux? c'est la voix d'Hélène ou celle d'un ange.

XXIX.

HYMNE A LA VIERGE.

Ave Maria!

   Reine du ciel, salut! vierge propice,
   J'élève à toi la voix de ma douleur!
   Des affligés divine protectrice,
   Tu sais charmer les maux cuisans du cœur :
   C'est vainement qu'on proscrit l'innocence ;
   Elle te doit sa douce confiance.

     Vierge angélique, écoute-moi ;
   D'une vierge timide exauce la prière.
     Mère d'un Dieu, c'est pour un père
   Qu'une fille éplorée ose espérer en toi.

Ave Maria!

Ave Maria!

   Ce dur rocher, dans sa grotte sauvage,
   Seul de Douglas reçoit les pas errans :
   Daigne sourire à mon pieux hommage....
   Les palais d'or seront moins éclatans.
   A l'air infect de la caverne obscure
   Déjà succède une vapeur plus pure.

LA CROIX DE FEU.

Vierge céleste, écoute-moi ;
D'une vierge timide exauce la prière :
Mère d'un Dieu, c'est pour un père
Qu'une fille éplorée ose espérer en toi.
Ave Maria !

Ave Maria !
Ce sombre lieu fut la retraite affreuse
Des noirs démons de la terre et des airs :
Sois avec nous, vierge mystérieuse.....
Ils vont tous fuir dans le fond des enfers !
Oui, dans mon cœur je sens que ta présence
A réveillé la céleste espérance !

Vierge angélique, écoute-moi ;
D'une vierge timide exauce la prière :
Mère d'un Dieu, c'est pour un père
Qu'une fille éplorée ose espérer en toi.
Ave Maria !

XXX.

Les derniers accords de l'hymne expiraient sur la harpe... Le chef du clan d'Alpine, dans l'attitude immobile de l'attention, et appuyé sur sa pesante épée, semblait écouter encore. Le page lui fit remarquer deux fois par un geste timide que le jour était à son déclin.

Alors s'enveloppant dans son manteau. — Voilà la dernière fois, oui, la dernière ! répéta-t-il, que Roderic entend la voix de cet ange.

Cette pensée était déchirante..... Il descendit vers le rivage, d'un pas précipité, s'élança dans le bateau avec un air farouche. Déjà le lac est traversé : Roderic presse sa marche du côté de l'occident, et les derniers rayons du jour allaient disparaître lorsqu'il arriva sur les hauteurs de Lanrick, d'où il découvrit l'armée du clan d'Alpine, dont les rangs s'étendaient dans la prairie.

XXXI.

L'aspect de ces guerriers offrait un tableau varié : les uns étaient assis ou debout ; les autres se promenaient à pas lents : mais la plupart, enveloppés dans leurs manteaux, dormaient étendus sur le sol, et pouvaient à peine être distingués des touffes de bruyère, tant les couleurs de leurs tartans se confondaient avec les nuances de la verdure ; çà et là seulement la lame d'une épée, ou le fer d'une lance, jetait une lumière soudaine, semblable à l'éclat passager qui trahit la luciole sous l'ombrage ; mais dès que le panache flottant du chef fut reconnu dans les ténèbres, les bruyantes clameurs d'un enthousiasme martial ébranlèrent la base de la montagne : trois fois elles s'élevèrent au loin dans la plaine de Bochastle, et trois fois l'écho du lac et des rochers y répondit, jusqu'à ce qu'enfin le silence régna de nouveau avec la nuit.

FIN DU CHANT TROISIÈME.

LA
DAME DU LAC.

CHANT QUATRIÈME.

LA PROPHÉTIE.

I.

— La rose a plus d'éclat lorsqu'elle vient d'éclore, et l'espérance brille surtout quand elle naît au milieu des craintes ; la rose est bien plus suave si elle est encore humide de la rosée du matin ; l'Amour a plus d'attraits quand il verse des larmes : beau rosier sauvage, que l'imagination embellit encore, je couronne ma tête de tes fleurs, emblème de l'espérance et de l'amour

Ainsi parlait le jeune Norman, héritier d'Armandave, à l'heure où le soleil se levait sur les ondes du Vennachar.

II.

Le souvenir de sa bien-aimée inspirait le nouvel époux, qui soupirait en murmurant le nom de Marie. Pendant qu'il dépouillait le rosier de ses fleurs, il avait à ses pieds son arc et sa hache : car il avait été placé en sentinelle entre le lac et le bois. Mais silence! les pas d'un guerrier qui s'approche retentissent sur le rocher : Norman saisit ses armes à la hâte.

— Arrête, ou tu péris! dit-il... Quoi! c'est toi! ajoute-t-il aussitôt en reconnaissant Malise; te voilà bientôt de retour de Doune! ton empressement et ton regard m'annoncent que tu apportes des nouvelles de l'ennemi.

En effet, pendant que le clan se rassemblait sous les drapeaux du Chef, Malise était allé remplir un message secret.

— Où repose Roderic? demanda l'écuyer.

— Il s'est endormi à l'écart dans cette ravine, répondit Norman : je vais te guider vers sa couche solitaire.

Il appelle à ces mots un de ses compagnons étendu auprès de lui, et le réveille avec le bois de son arc.

— Debout! debout! Glentarkin, dit-il; nous allons trouver le Chef; fais une garde vigilante dans ce passage jusqu'à mon retour.

III.

Pendant qu'ils marchaient tous deux ensemble : — Eh bien! demanda Norman, quelles nouvelles de l'ennemi? — J'ai entendu plus d'un rapport contradictoire, répondit Malise : tout ce qu'il y a de certain, c'est qu'une troupe de guerriers, arrivée à Doune depuis deux jours, a reçu l'ordre de se tenir prête à partir. En attendant, le roi Jacques célèbre une fête avec ses courtisans dans le château de Stirling. De sombres nuages s'amoncèlent, et gronderont bientôt sur nos vallées. Accoutumé aux orages, le guerrier trouve contre eux un rempart suffisant dans son manteau : mais toi, Norman, quel abri prépareras-tu à ton aimable fiancée?

— Quoi donc, Malise! tu ignores que le prévoyant Roderic a voulu que toutes les femmes du clan se réfugiassent dans l'île solitaire du lac Katrine, avec les enfans et les vieillards inhabiles à porter les armes. Aucun esquif, aucune chaloupe ne voguera sur les lacs; mais tous les navires seront amenés au rivage de l'île pour assurer la sécurité des gages de notre amour.

IV.

—Heureuse prévoyance! notre Chef se montre le père de son clan.

Mais pourquoi donc Roderic a-t-il choisi pour se reposer un lieu si éloigné de ses compagnons fidèles? — La nuit dernière, Brian a interrogé un de ces terribles oracles dont on ne doit chercher les mystères que dans les extrêmes périls, c'est le Taghairm (1), qui découvrait à nos pères les événemens heureux ou malheureux de la guerre. Le taureau blanc de Duncraggan a été immolé...

MALISE.

— Je me souviens de ce noble animal; c'était le plus beau de tous ceux que nous enlevâmes dans l'expédition de Gallangad; son poil avait la blancheur de la neige, et ses cornes étaient noires et polies comme l'ébène; son œil étincelait comme la flamme; il était si farouche et si indomptable qu'il retardait notre retraite,

(1) Voyez la note sur cette superstition écossaise.

et qu'il fit trembler nos plus hardis montagnards au défilé de Beal'maha. Mais ce sentier était hérissé de cailloux aigus, et nos gens le harcelèrent si souvent du fer de leurs lances, que lorsque nous fûmes arrivés au passage de Dennan, un enfant aurait pu le frapper sans en recevoir une égratignure.

V.

NORMAN.

— Ce taureau a été immolé ; sa dépouille sanglante est étendue près de la cascade dont les flots tumultueux se précipitent avec fracas sur ce noir rocher, fameux dans nos traditions, et que sa vaste circonférence a fait surnommer le Bouclier du héros. Couché sur un écueil de la rive, près du lieu où le torrent mugit et tombe, le magicien Brian sommeille au milieu du bruit continuel de son murmure ; et, pénétré de l'humide vapeur qui s'élève à l'entour, c'est là qu'il attend un songe prophétique..... Non loin de la cascade repose aussi notre Chef !... Mais silence ! je vois l'ermite se glisser à pas lents à travers le brouillard et les buissons : il a gravi ce roc élevé ; il s'arrête pour contempler nos soldats endormis... Dis-moi, Malise, ne semble-t-il pas un fantôme qui plane sur un camp égorgé, ou bien un corbeau qui, du haut d'un chêne frappé de la foudre, observe des chasseurs se partageant un daim, et demande, avec un croassement sinistre, sa part de la curée.

— N'en dis pas davantage, interrompit Malise ; pour tout autre que pour moi, tes paroles seraient d'un mauvais augure ; mais l'épée de Roderic, voilà, selon moi, l'oracle et la défense du clan d'Alpine, plutôt qu'aucun de ces présages du ciel et de l'enfer, que ce moine, enfant des spectres, pourrait nous révéler...

— Mais le Chef est venu le rejoindre : regarde ; ils descendent ensemble du rocher.

VII.

Ce fut le long du sentier que l'ermite fit au chef du clan d'Alpine ces solennelles révélations :

— Roderic, c'est une épreuve terrible pour un homme doué d'une vie mortelle, dont les organes sensibles peuvent frissonner du froid convulsif de la fièvre, dont les yeux peuvent rester immobiles d'horreur, et les cheveux se hérisser sur son front; c'est une épreuve terrible de voir déchirer le rideau qui nous cache l'avenir ! Voilà cependant ce que j'ai osé braver pour mon Chef, comme l'attestent encore le frisson qui m'agite, mon sang glacé dans mes veines, le trouble de mes yeux et les angoisses qui bouleversent mon ame !...

Les apparitions qui m'ont assailli dans ma couche sanglante ne peuvent être décrites par les paroles d'un mortel; pour survivre à ce que j'ai vu, il faut devoir la naissance aux vivans et aux morts, et se sentir doué d'une vie indépendante des lois de la nature. Enfin la réponse prophétique s'est fait connaître par les caractères d'une vivante flamme : elle n'a pas retenti à mon oreille, ni parlé à mes yeux ; mais elle s'est gravée dans mon ame :

LA VICTOIRE EST A CELUI DES DEUX PARTIS

QUI LE PREMIER

FERA COULER LE SANG.

VII.

Brian, dit Roderic, je te sais gré de ton zèle et de ta

fidélité; ton augure est heureux pour nous! Jamais le clan d'Alpine n'attendit l'ennemi : toujours nos glaives ont frappé les premiers coups ; mais il est une victime plus sûre qui s'est offerte d'elle-même à notre fer vengeur : un espion est venu ce matin observer notre camp; il n'y aura plus de retour pour lui dans sa terre natale; mes vassaux gardent tous les défilés, à l'est, au sud et au couchant. Murdoch, choisi pour son guide, a reçu l'ordre secret d'égarer ses pas jusqu'à ce qu'il puisse le précipiter dans quelque ravine profonde.

Mais qui vient à nous? C'est Malise... Eh bien! quelles nouvelles de l'ennemi?

VIII.

— Deux orgueilleux barons, répondit Malise, ont arboré leurs bannières à Doune. Autour d'eux étincellent les lances et les glaives de nombreux vassaux; j'ai reconnu l'étoile d'argent de Moray, et le pal noir du comte de Mar.

— Par l'ame d'Alpine, dit Roderic, ces nouvelles me réjouissent; j'aime à combattre des ennemis dignes de moi... Quand se mettront-ils en marche?

— Demain ils viennent nous défier au combat. — Ils trouveront des glaives prêts à les recevoir !

Mais, dis-moi, n'as-tu rien appris des clans alliés d'Earne? Soutenus par eux, nous pourrions attendre l'ennemi sur le revers du Benledi... Tes yeux me disent qu'il ne t'est parvenu aucun rapport fidèle; c'est bien! Les guerriers du clan d'Alpine défendront les défilés des Trosachs; nous combattrons dans les gorges du loch Katrine, à la vue de nos mères et de nos filles, chacun de nous pour ses foyers domestiques, le père pour son enfant, le fils pour son père, l'amant pour sa maîtresse...

Mais est-ce l'air vif de la brise qui fait couler cette larme de mes yeux, ou serait-elle un triste présage de terreur et de doute? Non, non! La lance saxonne ébranlera plus tôt le Benledi sur sa base, que le doute et la terreur ne pénétreront dans le cœur de Roderic! Il est impénétrable comme mon fidèle bouclier. Que chacun demeure à son poste; mes ordres sont donnés.

Le pibroc résonne, les rangs se forment, les claymores étincellent, les bannières se déploient; tout se meut au seul regard du Chef.

— Éloignons-nous du tumulte de la guerre, et retournons à la caverne de Coir-Uriskin.

IX.

Où est Douglas?— Il est parti..... Hélène, assise sur un rocher près de la grotte, gémit tristement, et semble à peine écouter le vieux barde, qui cherche à la consoler par de flatteuses paroles.

— Ma fille, disait Allan-Bane, tu peux m'en croire, Douglas reviendra; il reviendra plus heureux. Il était temps qu'il allât chercher plus loin un asile contre les dangers de la guerre, quand l'essaim belliqueux des guerriers d'Alpine est intimidé par l'approche de l'orage. La nuit dernière j'ai vu les navires de Roderic flotter long-temps à la lueur des torches, et fendre avec rapidité l'onde paisible, tels que ces éclairs lancés par les feux étincelans du nord. J'ai remarqué ce matin tous ces bâtimens, amarrés en rangs pressés dans la baie de l'île solitaire, comme une famille d'oiseaux aquatiques tapis dans un marais, quand le vautour plane dans les cieux. Si cette race farouche n'ose pas braver le péril sur la terre ferme, ton noble père ne doit-il pas avoir la prévoyance de te préparer un refuge assuré?

X.

HÉLÈNE.

Non, Allan-Bane, non, un prétexte semblable ne peut endormir mes craintes. Douglas m'a donné sa bénédiction en prononçant ses adieux avec un accent tendre et solennel ; la larme qui est venue mouiller sa paupière n'a pu le détourner de sa résolution inaltérable. Je ne suis qu'une femme ; mais mon ame, toute faible qu'elle est, peut retracer l'image de la sienne, comme le lac dont la plus légère brise trouble la sérénité, mais qui réfléchit dans son cristal le rocher inébranlable.

Douglas apprend que la guerre va tout embraser ; il se croit la cause de tous les malheurs qui menacent l'Écosse. Il a rougi, Allan, quand tu nous as raconté ce songe mensonger qui t'a fait voir Malcolm Grœme chargé de fers attachés par moi-même à ses bras. Penses-tu que ce triste augure a effrayé Douglas ? Non, Allan ; mais son ame généreuse s'est alarmée pour ce vaillant jeune homme, et pour Roderic lui-même, cet ami si fidèle... Je dois lui rendre cette justice : ils sont tous deux dans le péril, et pour notre cause. Douglas n'a pu résister à cette cruelle pensée... Je devine le sens de ses paroles solennelles : — Si nous ne devons plus nous revoir sur la terre, ce sera dans le ciel. — Pourquoi m'aurait-il recommandé, si le soir ne nous ramène pas mon père, d'aller au temple de Cambus-Kennetts et de m'y faire connaître ? Hélas ! il se rend au pied du trône d'Écosse, pour y racheter la liberté de ses amis au prix de la sienne... Il va faire ce que j'aurais fait moi-même si le ciel avait donné à Douglas un fils au lieu d'une fille.

XI.

ALLAN.

— Non, ma chère Hélène, non; ton père a voulu dire que, si quelque événement imprévu retarde son retour, ce temple révéré sera le lieu où nous pourrons le rejoindre. Sois persuadée que Douglas est en sûreté; quant à Malcolm Grœme... (que le ciel bénisse son nom glorieux!): mon songe peut être vrai, sans prédire rien de funeste; mes révélations prophétiques m'ont-elles jamais abusé? Souviens-toi de l'étranger de l'île solitaire et des accords mélancoliques de ma harpe, qui nous annoncèrent cette fatale guerre : mes présages de malheur se sont vérifiés; dois-tu douter de ceux qui nous promettent une meilleure fortune? Que n'avons-nous déjà quitté cette grotte sinistre! Le malheur habite toujours les lieux qu'ont fréquentés les fées malfaisantes... Je me rappelle une histoire miraculeuse qui en est la preuve... Chère Hélène, bannis cet air de tristesse! Ma harpe avait autrefois la vertu de charmer tes chagrins.

— Allan, tu le veux; je t'écoute : mais puis-je arrêter mes larmes involontaires?

Le ménestrel préluda sur sa harpe, et commença sa ballade; mais le cœur d'Hélène était distrait par d'autres pensées.

XII.

LA BALLADE.

ALICE-BRAND.

Quoi de plus doux que d'errer dans la verte forêt, quand la grive et le merle font entendre leur ramage;

quand l'agile chevreuil fuit comme un trait pour échapper aux limiers ; quand le cor des chasseurs retentit au loin sous le feuillage ?

— O Alix ! j'ai abandonné pour toi ma terre natale ; nous sommes forcés d'habiter les coteaux et les bois, comme font les proscrits !

O Alix ! si dans la nuit fatale de notre fuite j'ai tué ton vaillant frère, ce fut pour l'amour de ta brillante chevelure et de tes yeux bleus.

Il faut maintenant que cette main, habituée à saisir le glaive, abatte le hêtre des bois, compose notre humble couche de son feuillage, et forme de ses branches une barrière pour la grotte qui nous sert d'asile !

Il faut que ta douce main, qui ne touchait que les cordes de la harpe, dépouille la bête fauve pour faire un manteau qui nous défende du froid !

— O Richard ! si mon frère a péri, je ne puis en accuser qu'une destinée fatale. Le combat eut lieu pendant les ténèbres ; le hasard seul dirigea contre son sein le fer de ta lance.

Si je ne puis plus me parer d'une riche robe, ni toi d'un manteau d'écarlate, nous préfèrerons la couleur fauve et le vert des forêts, dont le doux éclat flatte davantage la vue.

Cher Richard ! si notre sort est cruel, si tu as perdu ta terre natale, ah ! du moins Alix conserve son Richard, et Richard son Alix !

XIII.

SUITE DE LA BALLADE.

— Qu'il est doux, qu'il est doux d'habiter sous l'ombrage des bois, chantait gaiement la jeune Alix ! La hache du lord Richard résonne sur les rameaux du hêtre et du chêne antique. —

Le roi des Esprits éleva la voix dans la grotte de la colline; ses paroles sinistres ressemblaient au gémissement de la bise sous les portiques d'une église en ruines.

— Quelle est cette hache qui ose abattre les hêtres et les chênes dont les troncs consacrés forment l'enceinte où nous célébrons nos rites au clair de la lune!

Qui vient ici chasser le daim que chérit la reine des fées? Qui est assez audacieux pour porter la couleur des verts royaumes de la féerie?

Pars, Urgan, pars, cours vers ce mortel? car tu fus jadis arrosé de l'onde baptismale: le signe de la croix ne peut te faire fuir; tu n'as rien à craindre des mots mystérieux.

Appelle sur la tête du téméraire la malédiction qui flétrit le cœur, et qui défend au sommeil de fermer les paupières de celui qui l'entend prononcer! qu'il soit réduit à invoquer la mort, et que la mort soit sourde à ses vœux! —

XIV.

SUITE DE LA BALLADE.

Qu'il est doux, qu'il est doux d'habiter sous l'ombrage des bois, quoique les oiseaux gardent le silence! Alix prépare le foyer du soir; son amant apporte le bois de la forêt.

Urgan paraît: ce nain hideux se place devant lord Richard. Le chevalier fait le signe de la croix, et se recommande à la protection du ciel.

— Je ne crains point ce signe redoutable, lui dit le fantôme menaçant; je ne le crains point quand il est fait par une main sanglante!

Mais Alix, remplie de courage, lui répond sans hésiter : — Si le sang souilla sa main, c'est le sang des bêtes fauves !

— Non, non, femme intrépide, dit l'esprit : le sang qui rougit cette main profane, c'est le sang de ta race ! le sang d'Éthert-Brand ! —

Alors Alix s'avance, et fait aussi le signe du salut : — Si le sang rougit la main de Richard, dit-elle, ma main est sans tache !

— Je te conjure, fantôme de l'enfer, au nom de celui que redoutent les démons, de nous apprendre d'où tu viens, et quel motif t'amène ici.

XV.

CONCLUSION DE LA BALLADE.

— Il est doux, il est doux d'habiter le royaume de la féerie, d'écouter les concerts des oiseaux enchantés, d'assister aux jeux brillans des esprits qui forment la cour de notre monarque et l'escortent à cheval !

Rien n'est resplendissant comme le pays des fées ; mais ce n'est qu'un faux éclat semblable à l'impuissant rayon que le soleil de décembre laisse tomber sur les neiges et les glaces.

— Notre forme, capricieuse et inconstante comme cette lumière des jours d'hiver, fait de nous tour à tour un chevalier, une dame et un nain hideux.

Ce fut pendant une de ces nuits où le roi des fées jouit de la toute-puissance, que je succombai dans un combat criminel. J'étais encore entre la vie et la mort ; je me sentis transporter au triste pays des enchantemens.

Mais si une femme courageuse osait tracer trois fois le signe de la croix sur mon front, je pourrais reprendre ma première forme, et redevenir un mortel comme vous. —

Alix ose le faire une première fois et puis une seconde : Alix avait une ame remplie de courage. Le front du nain se rembrunit ; la caverne devient de plus en plus obscure.

Alix répète une troisième fois le signe mystérieux, et voit apparaître aussitôt le plus beau chevalier de l'Écosse : c'était son frère, c'était Éthert-Brand !

Il est doux d'habiter sous le vert feuillage des bois quand la grive et le merle unissent leurs joyeux ramages ; mais il est plus doux encore d'entendre toutes les cloches de l'antique Dunfermline annoncer la fête de l'hymen. —

XVI.

Le ménestrel cessait de chanter, lorsqu'un étranger se présenta dans la grotte sauvage : sa démarche guerrière, son noble aspect, son habit de chasseur en drap vert de Lincoln, son regard d'aigle, tout en lui rappelle à Hélène le chevalier de Snowdoun. C'était James Fitz-James lui-même !

Hélène parut livrée à l'illusion d'un songe, et dans sa surprise elle put à peine retenir un cri.

— O étranger ! quel hasard funeste vous amène ici dans cette heure de péril ?

— Hélène peut-elle appeler funeste le hasard qui me procure le bonheur de la revoir ! Fidèle à sa promesse, mon ancien guide s'est trouvé ce matin au rendez-vous que je lui avais donné ; et il a conduit mes pas dans l'heureux sentier qui mène à cette grotte.

— Heureux sentier ! dit Hélène !... Quoi donc ! il ne

vous a rien dit de la guerre, de la bataille qui doit se livrer, des gardes qui occupent tous les passages!

— Non sur ma foi! et je n'ai rien vu qui pût me le faire soupçonner.

— Cours, Allan; va trouver ce guide. Je distingue làbas son tartan... Arrache-lui l'aveu de son dessein, et conjure-le de ne point trahir l'étranger qui se fie à lui. Quelle est donc la pensée qui t'a inspiré, homme imprudent? Ni l'amour ni la crainte n'auraient jamais pu engager le dernier des vassaux de Roderic à te conduire ici sans que son Chef en fût d'abord informé!

XVII.

— Aimable Hélène, dit le chevalier, ma vie doit m'être chère puisqu'elle mérite ta sollicitude : toutefois la vie n'est pour moi qu'un vain souffle quand l'amour ou l'honneur sont mis en balance avec elle. Que je profite donc du hasard qui nous réunit pour te déclarer avec franchise mon espoir et mes intentions. Je viens pour t'arracher d'un désert où jamais n'a brillé une fleur aussi belle; je veux t'entrainer loin de ces lieux, théâtre de guerre et de carnage. Mes chevaux m'attendent près de Bochastle; ils nous auront bientôt conduits jusqu'aux portes de Stirling. Je te déposerai dans un asile délicieux; je veillerai sur toi comme sur une fleur précieuse!...

— Arrête, chevalier! interrompit Hélène; ce serait un artifice coupable de dire que je ne devine pas ton espoir : ma vanité a écouté une première fois tes louanges avec trop de complaisance; cet appât fatal t'a fait braver les périls et la mort. Comment, hélas! réparer les malheurs que ma vanité a causés!... Une seule ressource me reste :... je veux tout avouer;... oui, je veux forcer mon cœur à se punir lui-même; sa légèreté a failli me perdre! que la honte de cet aveu m'obtienne ton pardon!... Mais d'abord sache que mon père est proscrit, exilé, déclaré traître à son roi. Le prix du sang est sur sa tête; ce serait s'exposer à l'infamie que de m'accepter pour épouse... Tu ne te rends pas à ces motifs?... Eh bien! apprends toute la vérité! Fitz-James, il est un noble jeune homme,... s'il vit encore,... qui s'est exposé à tout pour moi et pour les miens... Te voilà maître du secret de mon cœur; pardonne-lui : sois généreux, et pars.

XVIII.

Fitz-James connaissait toutes les ruses qui séduisent le cœur volage d'une jeune beauté, mais il sentit bientôt qu'ici toutes les ruses seraient inutiles : les yeux d'Hélène ne laissèrent échapper aucun de ces regards qui démentent un premier refus; elle témoigna toute la confiance d'un cœur innocent, quoique le vermillon de la pudeur colorât ses joues, elle déclara son amour avec le douloureux soupir du désespoir, comme si, privée de son cher Malcolm, elle eût gémi sur sa tombe.

Fitz-James perdit toute espérance; Hélène ne lui inspira que l'intérêt d'une douce sympathie. Il offrit de l'accompagner comme un frère accompagne sa sœur.

— Oh! que tu connais peu, dit Hélène, le cœur de Roderic! il est plus sûr pour nous de nous éloigner séparément! Hâte-toi de rejoindre Allan, et qu'il t'apprenne si ton guide n'est pas un traître.

Fitz-James porta la main à son front pour cacher le trouble de son ame; il fit deux pas pour partir, et puis, comme si une pensée nouvelle avait éclairé son esprit, il s'arrête, se retourne, et s'approche d'Hélène.

XIX.

— Un mot encore, lui dit-il, et je te dis adieu; daigne accepter un gage d'amitié... La fortune a voulu que ce glaive ait sauvé dans un combat la vie du roi d'Écosse. Le monarque reconnaissant me remit cette bague, en me disant de la rapporter quand bon me semblerait, pour réclamer hardiment la récompense que je voudrais exiger. Hélène, je ne suis point un chevalier courtisan, mais un de ces guerriers qui vivent de la lance et de l'épée, qui n'ont que leur casque et leur bouclier pour tout château, et le champ de bataille pour domaine. Que puis-je demander à un prince, moi qui ne me soucie ni des richesses ni des titres pompeux? Hélène, prête-moi ta main; accepte cette bague: tous les gardes et les officiers du prince la connaissent. Va trouver le roi sans plus tarder; ce signe te fera sûrement parvenir jusqu'à lui. Expose-lui la faveur que tu désires; quelle qu'elle soit, il te l'accordera pour racheter le gage que j'ai reçu de lui.

Fitz-James mit cet anneau au doigt d'Hélène, s'arrêta, déposa un baiser sur sa main, et partit.

Le vieux ménestrel resta immobile de surprise en le voyant s'éloigner avec tant de promptitude.

Le chevalier retrouva son guide, il descendit avec lui le revers escarpé de la montagne, et traversa le ruisseau qui réunit les lacs de Katrine et d'Achray.

XX.

Tout était silencieux dans l'étroite vallée des Trosachs; les rayons du soleil étaient immobiles sur les collines; tout à coup le guide poussa un cri aigu.

— Murdoch, dit Fitz-James, serait-ce un signal?

Murdoch répondit en balbutiant : — Je voulais effrayer par mes cris ce corbeau qui dévore une proie.

Le chevalier regarde, et reconnaît que c'est son noble coursier qui est devenu la pâture des corbeaux.

— Hélas ! mon coursier chéri, dit-il, il eût mieux valu pour toi, et pour moi peut-être, que nous n'eussions jamais vu les Trosachs... Murdoch, passe le premier,... mais en silence ; au premier cri, tu es mort.

Se méfiant l'un de l'autre, ils continuent leur route, muets tous deux et tous deux sur leurs gardes.

XXI.

Le sentier serpente autour d'un précipice... Soudain une femme, dont tous les traits sont altérés par les feux du soleil et les injures des tempêtes, se montre sur un rocher au-dessus du passage ; elle est couverte de haillons en désordre, elle promène autour d'elle des yeux égarés, considère tour à tour les bois, le rocher et les cieux, semble ne rien remarquer, et tout observer cependant.

Son front était couronné d'une guirlande de genêt ; sa main agitait avec un mouvement bizarre une touffe de ces plumes noires que les aigles abandonnent sur la cime des rochers. Elle avait été elle-même chercher ces dépouilles du roi des airs sur les cimes escarpées où les chèvres pouvaient à peine parvenir.

Elle découvrit d'abord le plaid montagnard, et jeta un cri aigu qui réveilla tous les échos d'alentour ; mais quand elle reconnut le costume des plaines, elle fit un rire insensé, se tordit les mains, pleura, et puis se mit à chanter...

Elle chanta... Sa voix peut-être dans des jours plus heureux se serait mariée aux accords de la harpe et du luth ; maintenant, quoique ses modulations fussent moins pures et plus rudes, ses accens avaient encore une douceur et une mélodie étranges.

XXII.

LA ROMANCE DE BLANCHE.

— Dors, disent-ils, pauvre étrangère !
Invoque un ange tutélaire
Pour rendre le calme à tes sens.....
— Puis-je ici fermer ma paupière
Ou prononcer une prière
Dans la langue de mes tyrans !

Dans le vallon qui m'a vu naître
Le doux sommeil viendrait peut être
Verser sur mon front ses pavots ;
Aux lieux où le Devan murmure
Ma voix, du Dieu de la nature,
Obtiendrait l'éternel repos.

Je me souviens du jour de fête
Où ma nourrice sur ma tête
Mit un voile mystérieux,
Et me dit : Jeune fiancée,
Allons au temple ; l'hyménée
Va combler enfin tous tes vœux.

Hélas ! fatale confiance !
Un sourire de l'espérance
M'a coûté des pleurs bien amers !
Tout mon bonheur n'était qu'un rêve :
Un cri de mort soudain s'élève ;
Je me réveille dans les fers.

XXIII.

— Quelle est cette femme ? demanda Fitz-James ; que signifie sa romance ? que fait-elle sur ces hauteurs ? Son manteau flottant ressemble aux ailes étendues du héron solitaire qui plane à l'approche du crépuscule sur une source enchantée.

— C'est Blanche de Devan, répondit Murdoch ; c'est une captive de la plaine dont la raison est égarée : elle fut enlevée dans une des excursions de Roderic, le jour même où elle allait recevoir la main d'un époux. Son fiancé voulut opposer une vaine résistance, et tomba percé par le glaive de l'invincible chef du clan d'Alpine sur les bords du Devan....

Je m'étonne de la voir en liberté ; mais elle échappe souvent à sa gardienne..... Allons, retire-toi, pauvre folle.

Et il la menaçait du bois de son arc.

— Si tu oses la toucher, s'écria Fitz-James, je te précipite du haut de ces rochers !

— Je te remercie, chevalier généreux, dit la folle en venant se placer auprès de Fitz-James.

— Vois les ailes que je prépare pour chercher mon bien-aimé à travers les airs. Je ne prêterai point à ce barbare vassal une seule de ces plumes pour adoucir sa chute... Non ! ses membres en lambeaux couvriront les rochers ; les loups viendront s'en repaître ; son plaid odieux, arrêté par les ronces et les buissons, flottera dans l'air, et sera le signal qui rassemblera ces animaux dévorans autour de leur proie.

XXIV.

— Assez, pauvre fille ; calme-toi, lui dit le chevalier.

— Oh ! que ton regard a de bienveillance ! répondit-elle ; je veux reconnaître ta généreuse pitié. Mes yeux se sont flétris en versant des larmes ; mais ils aiment encore la couleur verte de Lincoln ; mon oreille est deve-

nue insensible, mais elle aime encore le langage des basses terres. Mon William était aussi un chasseur : William avait su captiver mon amour; son manteau était, comme le tien, couleur du vert feuillage. Les chants de ma patrie étaient si doux dans sa bouche !.....
Ce n'est point ce que je veux dire; mais tu peux bien me deviner.

Après ces mots, sa voix, fréquemment entrecoupée, tour à tour lente et rapide dans ses modulations, fit entendre un chant improvisé. Ses yeux fixaient avec effroi le vassal de Roderic, regardaient ensuite le chevalier, et plongeaient soudain dans la ravine.

XXV.

La chasse commence ;
Le cor a trois fois
Sonné dans les bois,
Et le cerf s'élance.

Il lève le front,
Fier de son courage,
Et, quittant l'ombrage,
Descend au vallon.

Errant dans la plaine,
Dédaignant de fuir,
Il entend gémir
Près d'une fontaine.

Il a vu soudain
Chevrette timide,
Dont un trait perfide
A percé le sein.

— Fuyez, lui dit-elle,
Fuyez le trépas ;
Ne méprisez pas
Un avis fidèle.

Les chasseurs cruels
Préparent leur piège ;
(Le ciel vous protège !)
Leurs dards sont mortels.

Ce discours l'éclaire,
Il voit le danger ;
Et d'un pied léger
Fuit dans la bruyère.

XXVI.

L'ame de Fitz-James n'était occupée que de sa passion, quand il daigna à peine écouter l'avis que la crainte avait inspiré à Hélène ; mais le cri qu'avait jeté Murdoch éveilla ses soupçons, et la chanson de Blanche acheva de lui prouver qu'il était trahi. Ce n'est point un cerf qui découvre un piège ; c'est un lion qui aperçoit le chasseur.

Le chevalier tire son glaive du fourreau.

— Confesse-moi ta perfidie, ou meurs ! crie-t-il à son guide.

Le montagnard fuit avec vitesse ; mais, en fuyant, il bande son arc : la flèche vole, rase seulement le cimier de Fitz-James, et va percer le cœur flétri de Blanche.

Murdoch, il s'agit de prouver ton agilité ; jamais fils d'Alpine n'en eut un tel besoin. La rage dans le cœur, rapide comme le vent, le chevalier vengeur est sur tes pas !... Hâte-toi ; il y va de la mort ou de la vie ! Étendus dans la bruyère, tes compagnons, en embuscade, ne sont pas loin : si tu peux les atteindre, tu es sauvé... Mais non, tu ne dois plus les revoir ; le terrible Saxon te serre de près ; le coup mortel te frappe sans résistance, comme la foudre qui renverse le pin sur la poussière !

Fitz-James eut besoin des efforts réunis de ses pieds et de ses mains pour retirer son épée de la blessure qu'elle avait faite. Penché sur sa victime comme l'aigle sur sa proie, il sourit avec une joie farouche en la voyant expirer; il retourne ensuite au lieu où la pauvre Blanche était baignée dans son sang.

XXVII.

Elle était assise sous un bouleau, le coude appuyé sur ses genoux; elle avait arraché la flèche fatale, et la contemplait avec un faible sourire. A ses pieds étaient sa guirlande de genêt et ses plumes noires, souillées par le sang de sa blessure. Le chevalier voulut l'étancher.

— Étranger, dit-elle, tu prends un soin superflu; l'heure de ma mort m'a fait retrouver ma raison égarée depuis si long-temps : à mesure que ma vie s'éteint, mes visions fantastiques s'évanouissent. Je meurs abreuvée d'outrages et de malheurs; mais quelque chose dans tes regards me dit que tu es né pour me venger... Vois-tu cette tresse?... J'ai toujours conservé cette tresse de cheveux blonds dans mes dangers, ma démence et mon désespoir. Ces cheveux eurent jadis la couleur d'or des tiens; mais le sang et mes larmes en ont terni tout l'éclat..... Je ne dirai point quand ils me furent remis, à quel front ils appartinrent..... Ma raison m'abandonnerait encore..... Mais qu'ils servent de panache à ton noble cimier, jusqu'à ce que les rayons du soleil et le souffle des vents aient effacé la tache qui les souille; alors tu me les rapporteras... Hélas !... je sens que je suis encore dans le délire !... O mon Dieu ! permets à ma raison de m'éclairer de ses dernières clartés... Par ton titre glorieux de chevalier, par ta vie conservée aux dépens de la mienne, promets-moi, quand tu verras un guerrier cruel qui se dit avec orgueil le chef du clan d'Alpine, et tu le reconnaîtras à son noir panache, à sa main sanglante, à son front farouche, promets-moi de redoubler de courage et de force pour venger les outrages de la pauvre Blanche de Devan !... On a juré ta mort; tous les passages sont gardés... Évite ce sentier.... O ciel !.... Adieu.

XXVIII.

Le brave Fitz-James avait un cœur sensible, et ses yeux répandaient facilement des larmes à l'aspect de l'infortune : ce fut avec une émotion confuse de douleur et de rage qu'il vit expirer la pauvre Blanche.

— Que Dieu m'abandonne aux jours de mes dangers, dit-il, si j'oublie de demander vengeance à ce chef barbare !

Il réunit une tresse des cheveux de Blanche à ceux de son amant, les trempa dans le sang, et les plaça sur le côté de sa toque :

— Je jure, s'écria-t-il, par le nom de celui dont la parole est la vérité, de ne jamais porter d'autre marque de la faveur des dames, jusqu'à ce que j'aie teint ce triste gage dans le sang de Roderic !... Mais écoutons... Que veulent dire ces clameurs lointaines ? La chasse commence ; mais ils apprendront que le cerf aux abois est encore un ennemi dangereux.

Le chemin qu'il connaît lui est fermé par les montagnards qui le gardent ; il faut que Fitz-James erre à travers les rochers et les taillis ; les torrens et les précipices qu'il trouve sur son passage le forcent souvent de revenir sur ses pas et de changer de sentier.

Tom. vi.

A la fin, découragé, harassé de fatigue, épuisé par le besoin, il s'étendit sous les vieux arbres d'un bocage, et se crut au terme de ses périls et de ses travaux.

— De toutes mes imprudentes aventures, cet exploit sera la dernière : ai-je pu être assez insensé pour ne pas prévoir que cette ruche de frelons montagnards réunirait tous ses essaims aussitôt qu'elle saurait que les troupes du roi étaient rassemblées à Doune ?..... Tous les vassaux de Roderic me poursuivent comme des limiers... Écoutons leurs cris et le signal de leurs sifflets... Si je m'avance plus loin dans ces déserts, je me livre moi-même à mes ennemis : restons couché ici jusqu'au crépuscule ; alors je poursuivrai ma route dans les ténèbres.

XXIX.

Les ombres du soir s'abaissent lentement sur les bois dont elles enveloppent le feuillage d'une teinte plus sombre ; le hibou s'éveille ; le renard glapit dans la forêt ; la pâle lueur du crépuscule suffit pour guider les pas errans de Fitz-James, sans trahir de loin sa marche aux yeux vigilans de ses ennemis.

Il s'éloigne avec prudence, et prêtant une oreille attentive, gravit les rochers, et se glisse dans les broussailles.

L'impression glacée de l'air de la nuit n'était point tempérée dans ces montagnes par le solstice d'été ; chaque souffle de la bise engourdissait les membres humides du chevalier.

Seul, courant à chaque pas un danger nouveau, mourant de faim et de froid, il marcha long-temps dans des sentiers inconnus, semés de précipices et embarrassés de ronces, jusqu'à ce qu'au détour d'un vaste rocher il se trouva vis-à-vis d'un feu de garde.

XXX.

Auprès de la flamme rouge des tisons se réchauffait un montagnard entouré de son plaid ; il se leva tout à coup, l'épée à la main, en s'écriant :

— Saxon, quel est ton nom et ton dessein ? Arrête !

— Je suis un étranger.

— Que demandes-tu ?

— Quelques heures de sommeil et un guide, du feu et du pain : ma vie est en péril ; j'ai perdu ma route ; la bise a glacé tout mon corps.

— Es-tu ami de Roderic ?

— Non.

— Oserais-tu te déclarer son ennemi ?

— Je l'ose..... Oui, je suis l'ennemi de Roderic et de tous les meurtriers qu'il appelle au secours de son perfide bras !

— Tu parles avec arrogance !... Mais, quoique les bêtes fauves obtiennent un privilège de chasse, quoique nous donnions au cerf un espace réglé par des lois, avant de lancer nos meutes ou de bander notre arc, qui trouva jamais à redire à la manière dont le perfide renard est attiré dans le piège ? C'est ainsi que de traîtres espions... Mais sans doute qu'ils en ont menti ceux qui prétendent que tu es un espion secret ?

— Ils en ont menti, je le jure. Que je puisse me reposer jusqu'à demain matin ; que Roderic se présente alors avec les deux plus braves guerriers de son clan : je graverai mon démenti sur leurs cimiers.

— Si la clarté du feu ne me trompe, tu portes le baudrier et les éperons de la chevalerie ?

— Que ces mêmes insignes t'annoncent toujours l'ennemi mortel de tout oppresseur orgueilleux!

— C'est assez; assieds-toi, et partage la couche et le repas d'un soldat.

XXXI.

Le montagnard lui servit un repas frugal, composé de la chair durcie du chevreuil, selon l'usage de la contrée; il garnit le feu de bois sec, invita le Saxon à partager son manteau, le traita avec tous les égards dus à un hôte, et, reprenant son entretien, lui dit:

— Étranger, je suis du clan de Roderic et son fidèle parent; toute parole outrageante pour son honneur exige de moi une prompte vengeance : de plus,... on assure que de ta destinée dépend un augure important. Il ne tient qu'à moi de sonner de mon cor; tu serais accablé par de nombreux ennemis : il ne tient qu'à moi de te défier ici, le fer à la main, sans égard pour l'épuisement de tes forces; mais ni l'intérêt de mon clan ni celui de mon chef ne me feront départir des lois de l'honneur. T'attaquer dans l'état où tu te trouves serait une honte : l'étranger porte un titre sacré; il ne doit jamais solliciter en vain un guide et du repos, des alimens et une place auprès du foyer. Repose-toi donc ici jusqu'à la pointe du jour : moi-même je te guiderai à travers les rochers, les bois et les guerriers qui te cherchent, jusqu'à la dernière limite du clan d'Alpine; mais, arrivé au gué de Coilantogle, tu n'auras plus d'autre défenseur que ton épée.

— J'accepte ton offre généreuse avec la noble franchise qui te l'inspire.

— Eh bien, dors! J'entends le cri du butor; c'est le chant sauvage qui appelle le sommeil sur le lac.

Il dit, répand près du feu la bruyère odorante, étend son manteau, et les deux ennemis se couchent à côté l'un de l'autre comme deux frères. Ils dormirent jusqu'à l'instant où le premier rayon de l'aurore teignit de pourpre la montagne et le lac.

FIN DU CHANT QUATRIÈME.

LA
DAME DU LAC.

CHANT CINQUIÈME.

LE COMBAT.

I.

Belle comme le premier rayon de l'aube matinale lorsque, aperçu soudain par le voyageur égaré, il brille sur le front obscur de la nuit, argente les flots écumeux du torrent, et éclaire le sentier effrayant de la montagne; belle comme ce rayon le plus beau de tous, l'étoile étincelante de la franchise martiale et de la courtoisie chevaleresque prête de la grace aux horreurs des batailles, ennoblit le péril, et resplendit au milieu des noirs orages qui accompagnent le génie de la guerre.

II.

Ce premier rayon si beau et si doux étincelait à travers le rideau des noisetiers, quand, réveillés par sa rouge clarté, les deux guerriers abandonnent leur couche rustique, lèvent les yeux vers la voûte du ciel, murmurent tout bas les prières du matin, et raniment le feu pour préparer un repas frugal.

Ce repas terminé, le Gaël (1) drapa autour de lui avec grace les plis de son plaid bariolé, et, fidèle à sa promesse, servit de guide au Saxon dans les sentiers des bois et des montagnes.

La route était sauvage et embarrassée... Tantôt ils suivent un sentier tortueux sur les bords escarpés d'un précipice qui domine les riches plaines où serpentent les flots du Forth et du Teith, et plus loin tous les vallons qui se succèdent jusqu'aux lieux où les tours de Stirling se confondent avec les nuages; tantôt ils se trouvent engagés dans le feuillage épais d'un taillis, et leur vue s'étend à peine à la longueur d'une lance. Ici le sentier est d'un abord si difficile, que leurs pieds ont besoin du secours de leurs mains; là les arbustes sont entrelacés si étroitement, que, se séparant tout à coup, les rameaux de l'églantier font tomber sur eux une pluie de rosée, de cette rosée diamantée si pure et si brillante, qu'elle ne le cède qu'aux larmes d'une vierge.

III.

Enfin ils arrivèrent dans ce lieu sauvage où la montagne s'abaisse tout à coup comme sur un vaste précipice. Ici c'est Vennachar qui déploie ses flots d'argent; là c'est le

---

(1) Le montagnard écossais prend le nom de *Gaël* ou *Gaul*, et donne aux habitans des basses terres celui de *Sassenach* ou *Saxon*. — Éd.

Benledi qui s'élève en amphithéâtre. Le sentier profond se continue dans ses détours sous les saillies menaçantes des rochers ; c'est une position que cent guerriers pourraient long-temps défendre contre une armée entière : quelques touffes rares de jeunes bouleaux et de chênes nains composent l'étroit manteau de la montagne. Entre des rochers s'élèvent çà et là des troncs desséchés ; de distance en distance brillent la verdure des genêts et la noire bruyère qui rivalise en hauteur avec les arbrisseaux du taillis.

Mais là où le lac laissait dormir ses vagues paisibles, l'osier bordait de son feuillage humide le sol fangeux de la rive et le revers du coteau ; souvent une partie du sentier et la montagne étaient dégradées par le passage des torrens d'hiver, qui y accumulent leurs débris de gravier, de granit et de sable. La route était si pénible que le guide ralentit son pas dans les gorges du défilé, et demanda à Fitz-James quel motif étrange avait pu l'amener dans ces déserts, où peu d'étrangers osaient se hasarder sans un sauf-conduit de Roderic.

IV.

— Brave Gaël, répondit Fitz-James, mon sauf-conduit, dont la vertu fut éprouvée dans le péril, est toujours à côté de moi, suspendu à mon baudrier. Je l'avoue, ajouta-t-il, je ne prévoyais pas que je dusse en faire usage quand je me suis égaré dans ces lieux, il y a trois jours, en chassant le cerf ; tout me parut aussi calme que le brouillard qui dort sur cette colline. Ton redoutable Chef était loin, et ne devait pas de si tôt revenir de son expédition : tel fut du moins le rapport du montagnard qui me servit de guide, et sans doute le lâche me trompait.

— Mais pourquoi te risquer une seconde fois dans nos montagnes?

—Tu es un guerrier, et tu demandes pourquoi! Notre volonté indépendante est-elle soumise à ces lois machinales qui régissent le vulgaire? Je cherchais à charmer l'ennui d'un temps de paix; la plus légère cause suffit alors pour entraîner bien loin les pas libres d'un chevalier; un faucon qui a pris la fuite, un limier qu'il a perdu, le doux regard d'une fille des montagnes, ou, si un passage est cité comme dangereux, le danger seul n'est-il pas un appât suffisant?

v.

— Je ne te presserai pas davantage sur tes secrets; cependant je dois te demander si, avant de revenir parmi nous, tu n'avais pas entendu parler des soldats que le comte de Mar levait contre le clan d'Alpine.

— Non, sur mon honneur!... Je savais seulement que des troupes avaient pris les armes pour protéger la chasse du roi Jacques; mais je ne doute pas que dès qu'elles apprendront les projets hostiles des montagnards, elles ne déploient aussitôt leurs bannières, qui sans cette agression seraient restées paisiblement suspendues à Doune.

— Eh bien! qu'on les déploie en liberté! nous aurions regret si leurs tissus de soie étaient rongés des vers. Qu'on les déploie! on verra flotter fièrement le pin qui orne la noble bannière d'Alpine!

Mais, dis-moi, puisque tu n'es parvenu dans ces montagnes que parce que tu t'es égaré en chassant; puisque tu ne songeais qu'à la paix, par quel motif as-tu osé te déclarer l'ennemi mortel du fils d'Alpine?

— Guerrier, hier matin encore je ne connaissais Roderic-Dhu que comme un proscrit, et le chef d'un clan rebelle qui, en présence du régent et de sa cour, frappa jadis un chevalier d'un poignard perfide. Ce trait seul ne doit-il pas suffire pour éloigner de lui tout cœur fidèle et loyal?

VI.

Courroucé de ce reproche outrageant, le montagnard fronça le sourcil, s'arrêta un moment, et répondit enfin avec un air farouche:

— Sais-tu pourquoi Roderic tira sa dague contre ce chevalier! sais-tu quelle injure fit tomber sa vengeance sur son ennemi? Peu importait au chef du clan d'Alpine de se trouver dans les bruyères de nos montagnes, ou au milieu du palais d'Holy-Rood; Roderic saurait se faire justice même dans la cour céleste!

— Son outrage n'en était pas moins un crime... Il est vrai de dire qu'alors le pouvoir ne savait pas se faire respecter, pendant qu'Albany tenait d'une main faible le sceptre qu'il ne devait pas porter, et que le jeune roi, prisonnier dans la tour de Stirling, était privé de sa couronne et des égards dus à sa naissance. Mais comment justifier la vie de bandit que mène ton chef, arrachant un vil butin dans des guerres sans motifs, dépouillant le malheureux cultivateur de ses troupeaux et de la moisson arrosée de ses sueurs?... Il me semble qu'une ame noble comme la tienne devrait dédaigner ces dépouilles indignes de la valeur.

VII.

Le Gaël l'écoutait d'un air menaçant, et lui répondit avec le sourire du dédain:

— Saxon, j'ai remarqué que du sommet de cette montagne tu promenais les yeux ravis sur les riches moissons, les verts pâturages, les coteaux et les bois qui s'étendent du sud à l'est : ces plaines fertiles, ces gracieux vallons étaient jadis l'apanage des fils de Gaul; l'étranger vint le fer à la main arracher à nos pères leur terre natale! En quels lieux est aujourd'hui notre demeure! Regarde ces rochers entassés sur d'autres rochers! regarde ces bois incultes! Si nous demandions aux montagnes, que foulent nos pas, le bœuf laborieux ou l'épi doré des moissons, si nous demandions à ces roches arides des pâturages et des troupeaux, la montagne pourrait nous répondre :

— Comme vos aïeux vous avez le bouclier et les claymores; je vous donne un asile dans mon sein; c'est de vos glaives qu'il faut obtenir le reste... Crois-tu donc qu'enfermés dans cette forteresse du nord, nous ne ferons pas des sorties pour reconquérir nos dépouilles sur nos ravisseurs, et arracher la proie qui nous fut dérobée! Ah! sur mon ame, tant que le Saxon réunira dans la plaine une seule gerbe, tant que de ses dix mille troupeaux un seul errera sur les bords du fleuve, le Gaël, héritier de la plaine et du fleuve, ira réclamer sa part à main armée! Quel est le Chef de nos montagnes qui avouerait que nos excursions dans les basses terres ne sont pas de justes représailles?... Crois-moi, cherche d'autres torts à Roderic!

VIII.

Fitz-James répondit :

— Si j'en cherchais, penses-tu qu'il me serait difficile d'en trouver? Comment excuser la perfidie qui a voulu m'égarer et me faire tomber dans une embuscade!

— C'était le prix que méritait ton audacieuse imprévoyance? Si tu avais franchement déclaré ton dessein en disant : — Je viens chercher mon limier ou mon faucon ; ou, Je suis appelé par l'amour d'une des filles de votre clan, — tu aurais pu librement parcourir nos montagnes ; mais tout étranger qui se cache est un ennemi secret !... Toutefois, serais-tu un espion, tu n'aurais jamais été condamné sans être entendu, si un augure ne t'avait dévoué au trépas.

— J'y consens. Je m'abstiendrai de toute autre accusation pour ne point te courroucer ; je dirai seulement qu'un serment m'oblige de me mesurer un jour avec ton chef orgueilleux. Deux fois j'ai visité le clan d'Alpine sans projet hostile ; mais si je reviens ce ne sera plus qu'avec le glaive hors du fourreau et les bannières déployées, comme un ennemi qui défie l'objet de sa haine ! Non, jamais chevalier brûlant d'amour n'attendit l'heure du rendez-vous avec autant d'impatience que j'attends le moment où je me verrai en face de ton chef rebelle à la tête de tous ses vassaux !

IX.

— Eh bien ! que tes vœux soient satisfaits, dit le Gaël ; et le son perçant de son sifflet fut répété d'écho en écho comme le cri du courlis. Au même instant, au milieu des taillis et de la bruyère, à droite, à gauche, et de tous les côtés, apparaissent des toques, des lances, et des arcs tendus. Des fentes des rochers surgit le fer des piques ; les javelots sortent des broussailles, les joncs, les rameaux des saules semblent changés en haches et en épées ; chaque touffe de genêt enfante un guerrier couvert de son plaid et prêt à combattre. Le signal a soudain réuni cinq cents hommes, comme si la montagne s'était entr'ouverte pour rejeter de son sein une armée souterraine.

Tous ces guerriers, attendant les ordres et le nouveau signal de leur Chef, demeurent immobiles et silencieux.

Semblables à ces rochers ébranlés dont les masses pendantes menacent sans cesse de s'écrouler, et que la faible main d'un enfant suffirait pour précipiter dans les profondeurs du défilé, les vassaux de Roderic, le glaive à la main et un pied en avant, sont prêts à s'élancer du revers de la montagne.

Le guide de Fitz-James jete un regard plein de fierté sur les flancs de Benledi, couverts de ses compagnons; et puis, s'adressant d'un air farouche au chevalier saxon, il lui dit :

— Eh bien! qu'as-tu à répondre! Voilà les fidèles guerriers du clan d'Alpine, et reconnais en moi Roderic lui-même!

x.

Fitz-James était brave... Surpris de ce spectacle inattendu, il sentit son cœur se glacer soudain ; mais retrouvant aussitôt son courage, et fixant à son tour sur le Chef des montagnes un regard plein de hauteur, il s'adossa contre un rocher, et appuyant son pied sur le sol :

— Viens seul, s'écria-t-il, ou venez tous ensemble; vous verrez plutôt fuir ce rocher de sa base que vous ne me verrez reculer devant vous.

Roderic l'observe, et ses yeux expriment à la fois le respect, la surprise, et cette joie féroce qu'éprouvent les guerriers à l'aspect d'un ennemi digne de leur valeur. Bientôt il fait un geste de la main : toute sa troupe s'est évanouie; chaque soldat disparaît dans les broussailles et les bois ; les épées, les lances et les arcs rentrent dans les arbrisseaux du taillis : on eût dit que la terre avait englouti de nouveau dans son sein tous ces soldats qu'elle venait d'enfanter. Tout à l'heure la brise agitait les bannières, les plaids flottans et les panaches ; son souffle maintenant glisse sur la colline, et ne balance plus que les fleurs de la bruyère sauvage. Tout à l'heure les rayons du soleil étaient réfléchis par les lances, les glaives, les boucliers, les cottes de mailles, et déjà ils n'éclairent plus que la verte fougère et le noir granit des rochers.

XI.

Fitz-James promène ses regards autour de lui, et en croit à peine ses yeux ; une telle apparition lui semble appartenir à l'illusion d'un songe. Il regarde Roderic avec un air d'incertitude ; mais le Chef des montagnes lui dit :

— Ne crains rien. Ces mots sont inutiles, sans doute ; mais je te déclare que tu aurais tort de te méfier de mes vassaux : tu es devenu mon hôte ; j'ai donné ma parole de te conduire jusqu'au gué de Coilantogle, et je ne souffrirais pas qu'un seul des miens me prêtât l'aide de son épée contre un adversaire aussi valeureux que toi, quand notre combat devrait décider de nos droits sur toutes les vallées que les Saxons ravirent aux fils de Gaël.

Poursuivons notre route. J'ai voulu seulement te montrer quelle était ta témérité de prétendre te passer, dans ces lieux, du sauf-conduit de Roderic.

Ils se remirent en marche.... J'ai déjà dit que Fitz-James était brave autant que chevalier l'ait jamais été ; mais je n'oserais assurer que son cœur fût calme pendant qu'il suivait Roderic à travers ces solitudes qu'il venait de voir se peupler tout à coup d'une multitude armée de lances, qui n'attendait pour lui arracher la vie que le signal d'un guide qu'il venait d'outrager et de défier tout à l'heure.

Il ne pouvait s'empêcher de tourner à tous momens les yeux pour chercher les gardiens de ces montagnes, si prompts à se montrer et à disparaître. L'imagination lui faisait voir encore les piques et les claymores étincelant dans le taillis; et le cri aigu du pluvier lui rappelait le signal tout-puissant de son guide. Fitz-James ne commença à respirer en liberté qu'après avoir laissé ce défilé bien loin derrière lui.

Les deux guerriers foulent une prairie dont la vaste étendue n'offrait ni arbres ni broussailles capables de receler un ennemi armé.

XII.

Le Chef marche devant Fitz-James à grands pas et en silence. Ils arrivent au rivage sonore de ce torrent, fils de trois puissans lacs, qui s'échappe en flots argentés du sein du Vennachar, balaie la plaine du Bochastle, et mine sans cesse les débris du camp où jadis Rome, reine du monde, fit planer ses aigles victorieuses.

C'est là que Roderic s'arrête; et, se dépouillant de son bouclier et de son plaid, il dit au guerrier des plaines :

— Brave Saxon, fidèle à sa promesse, le fils d'Alpine ne te doit plus rien; ce meurtrier, cet homme implacable, ce chef d'un clan rebelle, t'a conduit sain et sauf, à travers tous ses postes, jusqu'aux limites de ses domaines; maintenant c'est en croisant le fer avec lui, seul à seul, que tu vas éprouver la vengeance de Roderic. Me voici sans aucun avantage, armé comme toi d'une seule épée; tu n'as plus d'autre défenseur que la tienne..... nous sommes parvenus au gué de Coilantogle.

XIII.

Le Saxon répondit :

— Je n'ai pas l'habitude d'hésiter quand un ennemi me défie l'épée à la main, et d'ailleurs, Chef valeureux, j'ai juré ta mort. Cependant, je l'avoue, ta générosité, ta franchise, et la vie que je te dois, mériteraient une autre récompense... Le sang peut-il seul terminer notre querelle? n'est-il aucun moyen... —Non! non, étranger! interrompit le fils d'Alpine; et pour te rendre toute ta valeur, apprends que le sort des Saxons dépend de ton épée : ainsi l'a décidé le destin par la voix d'un prophète qui dut sa naissance à l'habitant des tombeaux :

— Celui qui le premier versera le sang assurera la victoire à son parti. —

— Eh bien! répondit Fitz-James, crois-en mon serment; le mot de cette énigme est déjà trouvé. Va chercher dans la bruyère de ces montagnes le cadavre sanglant de Murdoch : c'est par sa mort que le destin a accompli sa prophétie; cède donc au destin plutôt qu'à moi. Allons ensemble à Stirling trouver le roi Jacques : là, si tu persistes à vouloir être son ennemi, ou si le monarque refuse de t'accorder ta grace et ses faveurs, j'engage ma parole que, rendu à tes montagnes, tu seras libre d'y entreprendre la guerre avec tous les avantages que te donne ta position actuelle.

XIV.

De sombres éclairs jaillissent des yeux menaçans de Roderic : — Es-tu donc si présomptueux, s'écrie-t-il, que tu oses proposer à Roderic de rendre hommage à ton roi, parce que tu as immolé un misérable vassal! Roderic ne cède ni au destin ni aux hommes; tu ne fais qu'attiser le feu de ma haine! Le sang de mon vassal demande vengeance... Quoi donc! tu hésites encore!... J'en atteste le ciel, je change d'opinion sur ton courage, et je reconnais en toi un de ces frivoles chevaliers de cour, indignes de ma courtoisie, et dont le plus beau laurier est une tresse des cheveux de leur dame.

— Roderic, je te remercie de ces derniers mots; ils rendent à mon cœur toute son énergie, et acèrent la pointe de mon glaive. J'ai juré de tremper cette tresse de cheveux dans le plus pur de ton sang; maintenant je renonce à la trève et j'abjure la pitié. Ne pense pas toutefois, Chef orgueilleux, qu'il n'est donné qu'à toi seul d'être généreux: quoique d'un coup de sifflet je ne puisse faire apparaître un clan tout entier sur la cime des rochers et dans les taillis, je n'aurais qu'à sonner de ce cor pour rendre ta victoire plus que douteuse!... Mais n'aie aucune méfiance; c'est fer contre fer que nous allons vider notre querelle.

Ils tirent en même temps leurs épées, et jettent le fourreau sur le sable; l'un et l'autre regardent le ciel, le fleuve et la plaine, qu'ils ne reverront peut-être plus, et puis croisant leurs glaives et se menaçant du regard, ils commencent un combat douteux.

XV.

Roderic sentit alors de quel avantage aurait été pour lui son bouclier, dont les clous d'airain et la triple peau de buffle avaient souvent émoussé les coups du trépas. Fitz-James avait appris dans les climats étrangers l'art de manier les armes, et son épée était au besoin un bouclier pour lui; il n'ignorait aucune des ruses de l'escrime; tandis que le montagnard, plus robuste, mais moins habile, soutenait un combat inégal. Trois fois le fer du Saxon atteignit son ennemi, et trois fois son sang, s'échappant à grands flots, rougit ses tartans. Le farouche Roderic sent augmenter sa soif de vengeance, et ses coups tombent pressés comme les grains de la grêle. Tel qu'un rocher ou une tour qui brave tous les orages de l'hiver, le Saxon, toujours invulnérable, oppose l'adresse à l'impétuosité de la fureur, et, profitant d'un avantage, il désarme Roderic, et fait voler au loin son épée. Le fils d'Alpine recule, chancelle, et tombe aux pieds de son ennemi.

XVI.

— Rends-toi, ou par le Dieu du ciel, je vais te plonger mon glaive dans le cœur !

— Je dédaigne et tes menaces et ta pitié ! Parle de se rendre au lâche qui craint de mourir !

Tel que le serpent qui déroule soudain ses anneaux, tel que le loup qui brise les pièges qui le retiennent captif, tel que le chat-pard qui combat pour ses petits, Roderic s'élance à la gorge de Fitz-James, reçoit une nouvelle blessure dont il s'aperçoit à peine, et enlace son ennemi dans ses bras nerveux. — C'est ici, vaillant Saxon, que toute ta vigueur t'est nécessaire ! Ce n'est pas une jeune fille qui te presse avec amour ; une triple cuirasse de fer et d'airain ne t'empêcherait pas de sentir cette étreinte du désespoir !

Ils luttent avec des efforts redoublés...... Ils tombent ; Fitz-James est sous Roderic.

La main du montagnard lui serre la gorge ; son genou est appuyé sur son sein ; il écarte les boucles de ses cheveux, essuie son front et ses yeux souillés de sang et de poussière, et il fait briller en l'air sa dague menaçante.

Mais la haine et la rage ne peuvent plus suppléer à l'épuisement des sources de sa vie; il a obtenu trop tard l'avantage qui allait faire tourner pour lui les chances de ce combat à mort; pendant qu'il brandit son glaive, un vertige s'empare de ses sens et de son ame : il frappe; mais le fer, mal dirigé, s'enfonce dans la bruyère; Fitz-James se débarrasse d'un ennemi trop affaibli; il se relève sans blessure, mais respirant à peine.

XVII.

Il murmure en balbutiant ses actions de graces au ciel, qui sauve ses jours dans un combat si hasardeux; et puis il fixe ses yeux sur son ennemi, qui semble près de rendre le dernier soupir.

Il trempe les cheveux de Blanche dans le sang de Roderic, et s'écrie :

— Pauvre Blanche, la vengeance de tes outrages me coûte cher : mais ton oppresseur a des droits aux titres de gloire que méritent la valeur et la loyauté.

A ces mots il sonne de son cor, puis détache son collier, se découvre la tête, et va laver dans l'onde son front et ses mains souillées de sang.

Il entend retentir dans le lointain les pas des chevaux qui accourent à toute bride : le bruit devient plus distinct, et Fitz-James reconnaît quatre écuyers en costume de chasseurs : les deux premiers portent une lance, et les deux autres conduisent par les rênes un coursier tout sellé. Tous quatre pressent le galop de leurs montures, s'avancent vers Fitz-James, et contemplent d'un œil surpris cette arène sanglante :

— Point d'exclamations, leur dit le Saxon ; ne me questionnez pas : vous, Herbert et Luffness, mettez pied

LE COMBAT.

à terre, pansez les blessures de ce chevalier, déposez-le sur ce palefroi qui était destiné à porter un fardeau plus doux, et conduisez-le à Stirling ; je vais vous y devancer pour prendre un coursier plus frais et des vêtemens convenables. Le soleil est déjà au milieu de sa course ; il faut que j'assiste ce soir aux jeux de l'arc : heureusement Bayard vole comme l'éclair. Devaux et Herries, suivez-moi.

XVIII.

— Approche, Bayard, approche. — Le coursier obéit en arrondissant sa crinière avec grace : le feu de son regard et le mouvement de ses oreilles expriment la joie que lui cause la voix de son maître. Fitz-James ne met ni le pied sur l'étrier ni la main sur le pommeau de la selle ; mais, saisissant la crinière, il se détache légèrement de la terre, et, appuyant son éperon sur les flancs de Bayard, aiguillonne son ardeur impétueuse.

Le coursier bondit sous son cavalier, et, rapide comme la flèche, s'élance avec lui dans la plaine. Ils traversèrent les flots du torrent et gravirent la hauteur de Carhonie. Le chevalier ne ralentit point le galop de son cheval, et ses écuyers le suivaient à toute bride. Ils côtoient les rives du Teith, et défient la vitesse de ses vagues. Torry et Lendrick sont déjà dépassés ; Deanstown reste bien loin derrière eux ; les tours de Doune s'élèvent, et disparaissent derrière un taillis lointain. Blair-Drummond voit jaillir l'étincelle sous les pieds des chevaux ; ils volent comme le vent à travers Ochtertyre. Le sommet de l'antique Kier n'a brillé qu'un moment à leurs yeux. Ils se précipitent au milieu de tes ondes bourbeuses, ô sombre Forth ! et atteignent le rivage opposé après bien des efforts. Ils laissent à leur gauche les rochers de Craig-Forth, et bientôt le boulevard de la Calédonie, Stirling et ses noires tours, leur montrent le terme de leur voyage.

XIX.

Au milieu du sentier pierreux qui conduit au château, Fitz-James raccourcit les rênes de son coursier: il fait un geste à son écuyer, qui aussitôt va saisir son étrier :

— Devaux, lui dit-il, vois-tu ce vieillard de haute stature, et dont l'aspect annonce l'indigence? remarque comme ses pas sont assurés, avec quelle activité il presse sa marche et gravit la montagne! Sais-tu d'où il vient et qui il est?

— Non, ma foi; c'est probablement quelque campagnard, qui figurerait très-bien, il me semble, dans la suite d'un noble baron?

— Non, non, mon cher Devaux! La crainte et la jalousie ne peuvent-elles te rendre plus clairvoyant? Avant qu'il eût atteint le bas de la montagne, j'avais déjà reconnu de loin sa démarche et son aspect imposant; il n'est point en Écosse de guerrier d'une pareille taille. Par saint Serle! c'est Jacques de Douglas, l'oncle du comte exilé. Hâtons-nous d'arriver à la cour pour y annoncer l'approche d'un ennemi redouté. Le roi doit se tenir sur ses gardes; il est bon qu'il ne rencontre pas Douglas sans être prévenu.

Ils dirigèrent leurs coursiers sur la droite, et arrivèrent à la poterne du château.

XX.

Douglas, qui venait de l'antique abbaye de Cambus-Kennetts, s'entretenait tristement avec lui-même en suivant le sentier de la montagne.

— Oui : mes pressentimens et mes craintes ne m'ont point trompé ; le noble Graham est dans les fers, et le farouche Roderic sentira bientôt le glaive vengeur du roi d'Écosse ! Moi seul je puis prévenir leur destin..... Dieu fasse que leur rançon n'arrive pas trop tard !...

L'abbesse m'a promis que ma fille serait l'épouse du Christ !... Que le ciel me pardonne une larme de regret ! qui connaît mieux que son père combien Hélène a de vertu ! Mais oublions un bonheur qui a fui, il ne me reste plus qu'à mourir !... O vous, tours antiques dont les remparts virent un Douglas périr de la main de son roi ; et toi, éminence fatale (1), qui entendis si souvent retentir la hache homicide, lorsque la main sanglante du bourreau immolait les plus nobles chevaliers de l'Écosse, préparez vos prisons, l'échafaud, et une tombe ignorée ! Douglas vient se livrer lui-même... Mais, écoutons : quelle fête annonce la cloche du monastère de Saint-François ?... quelle foule joyeuse se précipite dans les rues de la ville ! je vois des danses mauresques, et un cortège précédé de bannières, de cornemuses et de tambours. Je devine par ces apprêts bizarres que les bourgeois de Stirling célèbrent aujourd'hui leurs jeux. Jacques y assistera... ces spectacles où le bon métayer bande son arc, et où le robuste lutteur renverse son rival sur l'arène, lui plaisent tout autant que ceux où les chevaliers rompent des lances dans une noble joûte. Je vais me mêler aux flots du peuple, et me rendre dans le parc du château, pour y disputer moi-même une couronne..... Le roi Jacques verra si l'âge a énervé ces

---

(1) Éminence située au nord-est du château, où l'on exécutait les prisonniers d'état. — Éd.

membres robustes, dont sa jeunesse aimait, dans des jours plus heureux, à admirer la vigueur.

XXI.

Les portes du château s'ouvrent à deux battans; le pont-levis s'ébranle et s'abaisse avec bruit; les pavés des rues retentissent sous les pas pressés des coursiers : c'est le roi d'Écosse qui s'avance avec toute sa cour, au milieu des acclamations du peuple qui l'entoure. Jacques montait une haquenée blanche; il s'inclinait sans cesse, ôtant sa toque aux dames de la ville, qui souriaient et rougissaient en éprouvant une vanité secrète : celle qui fixait ses regards avait quelques droits d'être fière; c'était toujours la plus belle. Il félicite gravement les anciens de la cité; il loue les costumes singuliers de chaque troupe, remercie tout haut les danseurs, sourit, et salue le peuple, qui répète avec enthousiasme : — Vive le roi des communes! vive le roi Jacques!

Derrière le monarque sont rangés le pairs, les chevaliers et de nobles dames, dont les palefrois s'indignent du retard que la foule et la pente rapide du chemin opposent à leur marche. Au milieu de ce cortège on distinguait aisément des fronts tristes, sévères et chagrins; plus d'un noble témoignait son dépit de la contrainte imposée à son orgueil, et méprisait les plaisirs vulgaires des bourgeois. Il y avait aussi de ces chefs qui, servant d'ôtage à leurs clans, étaient à la cour dans un véritable exil, rêvaient sans cesse à leur vieille tour, à leurs sombres forêts, à leur puissance féodale, et croyaient ne pouvoir jouer qu'un rôle honteux dans une fête que leur fierté maudissait en secret.

XXII.

Les divers cortèges se répandent dans le parc du château ; les danseurs mauresques, portant des sonnettes aux talons et une épée à la main, commencent leurs exercices : mais on applaudit surtout le vaillant Robin-Hood et toute sa bande ; le moine Tuck, avec son bâton à deux bouts et son capuchon ; le vieux Scathelocke, à l'air refrogné ; la belle Marion, blanche comme l'ivoire ; Scarlet, Mutch et Petit-Jean : leurs cors donnent le signal, et appellent tous les archers qui veulent prouver leur adresse.

Douglas tend un arc pesant : sa première flèche frappe droit au but ; sa seconde atteint la première, et la partage en deux. Il faut que Douglas aille recevoir de la main du roi une flèche d'argent, prix destiné au plus habile. Son œil humide interroge celui du monarque, et cherche à y lire un regard de sympathie : Jacques ne laisse voir aucune émotion ; indifférent comme s'il récompensait un archer vulgaire, il remet à Douglas la flèche d'argent.

XXIII.

Allons : qu'on vide l'arène..... Les lutteurs vigoureux prennent leur place ; il en est deux qui demeurent vainqueurs, et demandent avec orgueil des rivaux plus dignes d'eux. Douglas se présente : Hugues de Larbert reste estropié pour toute sa vie ; Jean d'Alloa n'a guère un meilleur sort ; ses compagnons le transportent presque sans vie à sa demeure.

Le prix de la lutte est une bague d'or, que le roi remet à Douglas ; mais ses yeux bleus sont aussi froids que les gouttes de rosée glacées par l'hiver. Douglas voudrait parler ; mais son ame trop émue le force à garder le silence. Plein d'indignation, il se range parmi les métayers, qui mettent à nu leurs bras nerveux pour lancer en l'air une barre de fer massif. Après que chacun eut signalé sa force, Douglas arrache une pierre fixée à la terre, et l'envoie à plus d'une perche au-delà du but le plus éloigné.

Les vieillards, qui se rappellent le passé, montrent encore aux étrangers, dans le parc royal de Stirling, la preuve de la force de Douglas, et moralisent sur la dégénération de notre âge.

XXIV.

Le vallon retentit d'applaudissemens, que renvoie l'écho de *la Roche des Dames*. Le roi, toujours impassible, donne à Douglas une bourse remplie de pièces d'or. Le fier Douglas sourit d'indignation, et jette l'or à la foule, qui commence à regarder ce vieillard avec une admiration curieuse. Bientôt on se dit à l'oreille que ce cœur si généreux, ce bras si robuste, ne peuvent appartenir qu'à Douglas. Les vieillards remarquent ses cheveux, qui commencent à blanchir, secouent la tête, et racontent à leurs fils les exploits qui avaient rendu Douglas fameux avant qu'il fût exilé de sa terre natale; les femmes vantent sa taille majestueuse, malgré les traces de maint hiver; la jeunesse, étonnée, contemple avec respect celui dont la force semble surnaturelle. Tels étaient les sentimens de la foule, dont les murmures se changèrent peu à peu en bruyantes clameurs. Mais aucun des nobles barons qui formaient un cercle autour du roi ne témoigna par un regard qu'il prît intérêt à l'illustre banni, ou qu'il en eût gardé le moindre souvenir; aucun même de ceux qui jadis regardaient comme un honneur de marcher à la chasse à son côté, qui allaient manger à sa table, et trouvaient dans les combats leur salut derrière son bouclier.

Quel est le mortel qui se voit reconnu des courtisans quand le monarque le désavoue?

XXV.

Jacques s'aperçut que les jeux languissaient; il fit partir un beau cerf dont la chasse devait couronner la fête. Deux lévriers favoris furent lancés pour le poursuivre et l'abattre; il devait être ensuite servi au repas des archers et arrosé de vin de Bordeaux. Mais Lufra, que ni caresses ni menaces ne pouvaient éloigner de Douglas, Lufra, la chienne la plus agile du nord, vit partir le cerf, et s'élança comme l'éclair : elle laissa derrière elle les lévriers du roi, et, se précipitant sur sa proie, enfonça dans ses flancs ses dents aiguës, et se désaltéra dans son sang. Voyant la chasse interrompue par un étranger, le piqueur du prince accourt furieux, et frappe de sa courroie le noble limier.

Douglas avait souffert en silence l'indifférence du roi, le dédain des nobles, et, ce qui est plus cruel encore pour une ame fière, la pitié de la populace. Mais Lufra avait été élevée avec un tendre soin; elle partageait ses repas, et veillait pendant son sommeil. Souvent Hélène, dans ses jeux enfantins, aimait à orner de guirlandes de fleurs le cou de Lufra. Le nom seul de Lufra rappelait à Douglas le souvenir d'Hélène. Sa rage long-temps étouffée éclate enfin sur son front et dans ses yeux étincelans. La foule lui ouvre un libre passage, comme on voit les vagues se séparer sous la proue d'un navire : d'un seul revers de main le piqueur tombe baigné dans son sang.

Un coup aussi terrible n'aurait pu être porté par tout autre bras que celui de Douglas, eût-il été armé d'un gantelet de fer.

XXVI.

Les hommes de la suite du roi font entendre leurs cris et leurs menaces; ils brandissent leurs fers et leurs lances; mais le baron leur adresse ces paroles sévères :

— Vils esclaves, retirez-vous, ou redoutez la mort et Douglas!...... Oui, prince, c'est Douglas lui-même, condamné par toi et cherché partout, qui vient, victime volontaire, s'offrir pour apaiser la guerre, et qui ne demande grace que pour ses amis.

— C'est donc là le prix de ma clémence, baron présomptueux! reprit le monarque. De tout ton clan égaré par l'ambition, tu es le seul, toi, Jacques de Bothwell, en qui ma coupable faiblesse refusa de voir un ennemi : mais ton roi souffrira-t-il tes outrages et tes regards dédaigneux! Holà, capitaine de ma garde, donnez à Douglas une escorte convenable.... Qu'on termine les jeux..... (Car le tumulte allait croissant, et les métayers commençaient à tendre leurs arcs.....) Qu'on termine les jeux, répéta Jacques en fronçant le sourcil; que nos cavaliers dispersent la foule!

XXVII.

Le désordre et les cris d'une émeute troublèrent la fin de ce jour de fête. Les gardes à cheval fondirent au milieu de la foule et furent repoussés avec insulte et menaces : les vieillards et les infirmes sont renversés par terre; les timides fuient, les femmes poussent des cris d'effroi; les plus audacieux s'arment de cailloux, de bâtons et de flèches. Les soldats du roi entourent Douglas d'un cercle de lances, et le conduisent dans le sentier qui mène au château. Ils sont assaillis par la populace, qui les poursuit de ses clameurs.

Le noble Douglas vit avec chagrin que le peuple se

révoltait contre les lois; il s'adressa à l'officier de l'escorte, et lui dit:

— Sir John de Hyndford, ce fut mon épée qui te donna l'accolade; en souvenir de ce jour, laisse-moi parler à ces hommes égarés.

XXVIII.

— Mes amis, écoutez-moi, avant de vous montrer sujets rebelles à cause de Douglas. Je sacrifie sans regret aux lois de l'Écosse ma vie, mon honneur et tous mes intérêts: ces lois sont-elles si faibles qu'elles aient besoin du secours de votre vaine fureur; ou si je souffrais une injustice, serais-je assez aveuglé par un funeste égoïsme, renoncerais-je si facilement à tout sentiment de patriotisme, pour briser tous les liens d'amour qui unissent ma patrie et ma famille! Non, non! croyez que ce ne serait point un adoucissement pour ma captivité dans cette sombre tour, de savoir que les lances qui ne doivent être l'effroi que de nos ennemis sont teintes du sang de mes amis; qu'un inutile combat prive les mères de leurs fils, les femmes de leurs époux, les orphelins de leurs pères, et que les bons citoyens, gémissant de l'outrage fait aux lois, maudissent Douglas comme le prétexte du désordre! Je vous conjure de prévenir tous ces malheurs par votre patience, et de vous conserver le droit de m'aimer toujours.

XXIX.

La fureur de la foule s'éteint dans les larmes, comme l'orage se fond en pluie; ils lèvent les yeux et étendent les mains vers le ciel, appellent ses faveurs sur la tête de l'homme généreux qui, touché du seul intérêt de la patrie, estimait son sang bien moins que celui de l'Écosse. Les vieillards qui avaient un pied dans la tombe bénissaient celui qui arrêtait la guerre civile, et les mères élevaient leurs enfans dans leurs bras pour leur montrer ce chef magnanime qui triomphait de sa colère et de ses outrages, et leur conservait un père : les cœurs mêmes des soldats sont émus, ils conduisent Douglas à pas lents, les armes traînantes et la tête baissée, comme s'ils accompagnaient le cercueil d'un compagnon chéri ; ce fut en soupirant qu'ils remirent à la garde du château leur noble prisonnier.

XXX.

Le monarque offensé s'éloignait le cœur gros d'amers souvenirs, et il se garda bien de faire repasser son cortège dans les rues de Stirling.

— Lennox, dit-il, qui peut désirer de gouverner ce peuple imbécile ? Entends-tu ces acclamations auxquelles se mêle le nom de Douglas ? C'est ainsi que cette foule inconstante célébrait ce matin le roi Jacques : j'en reçus les mêmes applaudissemens quand je brisai le joug des Douglas ; et Douglas serait à son tour porté en triomphe s'il pouvait me renverser de mon trône ! Qui peut désirer de régner sur un peuple capricieux comme une femme, bizarre comme l'illusion d'un songe, léger comme la feuille qui flotte sur les vagues, féroce comme l'insensé qui dans son délire a soif de sang ! O monstre aux mille têtes ! qui peut désirer d'être ton roi ?

XXXI.

— Mais quel est ce messager qui presse de l'éperon son coursier haletant ? Je distingue sa cocarde..... — Eh bien ! que mande mon cousin Jean de Mar ?

— Sire, il vous conjure d'assister aux jeux de Stirling sans permettre qu'on dépasse les barrières. Il existe un complot, encore secret, mais fatal sans doute pour le trône : le Chef proscrit, Roderic-Dhu, a appelé aux armes son clan rebelle ; on dit que ces bandits marchent pour soutenir Jacques de Bothwell.

Le comte de Mar est parti ce matin de Doune pour les attaquer, et avant peu Votre Majesté recevra la nouvelle d'une bataille ; mais le comte vous supplie avec instance de ne point vous écarter sans une garde nombreuse, jusqu'à ce que sa victoire ait éloigné de vous tous les dangers.

XXXII.

— Tu me rappelles un tort que je dois me reprocher, dit le roi. J'aurais dû y penser plus tôt, et le tumulte de ce jour m'a fait oublier les ordres que j'avais à donner.... Retourne en toute hâte sur tes pas ; ne crains pas de perdre ton cheval ; je te promets le plus beau de mes écuries : dis à notre fidèle comte de Mar que je lui défends de livrer bataille. Ce matin Roderic a été fait prisonnier par un de nos chevaliers, et Douglas a soumis lui-même sa cause aux lois de notre royaume.

La nouvelle de la perte de leurs chefs dissipera bientôt les montagnards ; et nous aurions regret que le peuple fût la victime des fautes de ses chefs. Pars, Braco ! porte notre message au comte de Mar.

— Sire, j'y vole ! Mais je crains qu'avant d'avoir franchi e coteau la bataille n'ait été donnée.

Il tocrne bride ; son coursier bondit, et effleure le gazon d'un pied dédaigneux pendant que le prince retourne dans son palais.

XXXIII.

Le roi Jacques n'était plus d'humeur ce jour-là d'écouter les concerts des ménestrels et de briller au festin. Les courtisans prirent de bonne heure congé du monarque et les chants furent bientôt interrompus. La soirée ne fut guère moins triste pour la ville : les bourgeois s'entretenaient de discordes civiles, des clans rebelles des montagnes, de Moray, de Mar et de Roderic près d'en venir aux mains. Ils déploraient aussi le sort de Douglas plongé dans une tour où jadis le vaillant comte William fut..... A ces mots on se taisait en posant un doigt sur les lèvres ou en montrant la pointe d'une épée (1).

Cependant vers le crépuscule, des cavaliers harassés de fatigue arrivèrent de l'ouest, et furent introduits au château : le bruit se répandit qu'ils portaient la nouvelle d'un combat livré sur les bords du loch Katrine : l'action avait duré depuis midi, disait-on, jusqu'au coucher du soleil. Cette nouvelle agita toute la ville jusqu'à ce que la nuit eût arboré sur le faîte des toits ses noires bannières.

(1) Le comte William de Douglas fut poignardé par Jacques II dans le château de Stirling.

FIN DU CHANT CINQUIÈME.

LA
DAME DU LAC.

CHANT SIXIÈME.

LE CORPS-DE-GARDE.

I.

Le soleil se lève ; et, jetant un regard sévère à travers l'air brumeux de la ville, appelle l'artisan à ses travaux journaliers, triste héritage de l'homme pécheur : il interrompt la danse languissante des amis du plaisir ; il fait fuir le voleur nocturne, dore sur les créneaux la lance de la sentinelle, et avertit le savant studieux qu'il est temps de quitter sa plume pour livrer ses yeux appesantis au sommeil, consolateur de l'homme.

Combien de tableaux divers et combien de scènes de souffrance éclaire ce rayon, qui lutte encore avec les ombres de la nuit! Le malade salue sa lumière dans l'hospice où il brûle des feux de la fièvre sur une humble couche; la jeune fille séduite tremble en l'apercevant; le débiteur se réveille pour penser à la prison dont il se voit menacé; le malheureux trahi par l'amour lui doit la fin des songes cruels qui ont assiégé son sommeil; la mère vigilante arrange le berceau de son enfant malade, et apaise ses faibles cris.

II.

Au retour de l'aube matinale, les tours de Stirling retentissent de la marche des soldats et du bruit des armes, pendant que les roulemens du tambour annoncent à la sentinelle fatiguée qu'elle va goûter quelque repos. Les rayons du soleil pénètrent dans le corps-de-garde à travers les meurtrières étroites et les grilles des fenêtres; et, luttant avec la vapeur de ce lieu, y font pâlir la flamme jaunâtre des torches. Le jour lugubre que la triste alliance de ces lumières produit sous les noirs arceaux, découvre des formes bizarres de guerriers, des figures qu'une barbe touffue et des cicatrices rendent hideuses, et dont l'aspect hagard est l'effet de la veille nocturne et de la débauche.

Une table de chêne était inondée de vin et couverte des débris d'un festin; des verres vides, des coupes renversées indiquaient quelle avait été, pendant la nuit, l'occupation des soldats : les uns dormaient sur le plancher et les bancs : ceux-là cherchaient encore à étancher leur soif; d'autres, refroidis par la veille, étendaient leurs mains sur les tisons mourans du vaste foyer, tandis qu'à chaque pas les pièces de leur armure se balançaient à leur côté avec un bruit sonore.

III.

Ces guerriers n'étaient point les vassaux qu'un seigneur féodal conduit aux combats; ils ne reconnaissaient point dans leur chef l'autorité patriarcale : c'étaient des aventuriers venus des pays étrangers pour suivre le métier des armes, qu'ils préféraient à tout. On reconnaissait parmi eux le sombre visage de l'Italien et le front basané du Castillan. L'habitant de l'Helvétie, amoureux de l'air des montagnes, respirait plus librement en Écosse; le Flamand y méprisait le terrain ingrat qui récompense si mal les travaux du laboureur. Les rôles portaient des noms français et des noms allemands. Plus d'un exilé d'Albion venait aussi, avec un dédain mal dissimulé, recevoir la modique paie de l'armée du roi Jacques. Tous ces soldats étaient d'une bravoure à l'épreuve, et habiles à porter la lourde hallebarde, l'épée et le bouclier : dans les camps, ils se livraient à une licence effrénée; après le combat, rien ne pouvait contenir leur soif de pillage.

IV.

La fête et les débauches de la veille avaient encore relâché les liens de la discipline. Ils s'entretenaient de la terrible bataille qui s'était donnée entre le lac Achray et le lac Katrine; ils parlaient avec feu, et mettaient souvent la main sur leurs sabres. Ils se souciaient peu de baisser la voix par égard pour leurs camarades blessés, qui gémissaient non loin du corps-de-garde, et dont les membres sanglants et mutilés portaient les marques de l'épée des montagnards : on distinguait leurs cris et leurs prières, qui venaient se mêler au rire moqueur qu'excitait une raillerie, et aux imprécations de la rage.

Enfin John de Brent se lève : il était né sur les bords de la Trente ; incapable de craindre ou de respecter qui que ce fût, hardi braconnier dans sa terre natale, séditieux insolent sous les drapeaux, il était toujours le plus brave de la troupe quand sonnait l'heure du danger. La veille, John de Brent avait vu avec humeur l'interruption des jeux ; il imposa silence à tous ces compagnons, et s'écria :

— Allons, remplissons de nouveau les verres : je vais vous entonner une chanson joyeuse ; que chacun de vous fasse chorus en vrai frère d'armes.

v.

LA CHANSON DU SOLDAT.

Notre vénérable vicaire
A maudit le jus du tonneau :
Chaque dimanche dans sa chaire
Il prêche pour les buveurs d'eau :
Quant à moi je suis sur la treille
De l'avis du grand Salomon,
Qui nous a dit que la bouteille
Met en gaîté mieux qu'un sermon (1).

Notre curé maudit encore
D'une beauté l'air enchanteur,
Quand un doux baiser la colore
Du vermillon de la pudeur :
Il dit que sous sa collerette
Vient se tapir l'esprit malin ;
Sous le fichu de ma Ninette
Je veux l'exorciser demain.

(1) *Vinum bonum lætificat cor hominis.* — Én.

Aux vrais enfans de la Victoire
L'Amour n'a rien à refuser ;
Sous les étendards de la Gloire
La beauté vient s'apprivoiser.
Laissons prêcher notre vicaire ;
Mais qu'il nous dise franchement
Que mainte fois au fond d'un verre
Il trouva l'art d'être éloquent.

VI.

La voix de la sentinelle, qu'on entendit en cet instant, interrompit les joyeux refrains des soldats ; un d'entre eux courut à la porte, et dit : — Voici le vieux Bertram de Gand ; que le tambour batte pour le recevoir, car il nous amène une jeune fille et un joueur de harpe.

Bertram, vieux Flamand couvert de cicatrices, entra dans le corps-de-garde ; avec lui étaient un ménestrel et une fille des montagnes, enveloppée d'un large plaid : elle se tenait à l'écart pour éviter les regards de tous ces soldats livrés aux bruyans plaisirs de la débauche.

— Qu'y a-t-il de nouveau ? s'écrièrent-ils. — Tout ce que je puis vous apprendre, dit Bertram, c'est que nous nous sommes battus depuis midi jusqu'au soir avec un ennemi aussi sauvage que les montagnes qu'il habite : des deux côtés le sang a coulé par torrens ; aucune des deux armées ne peut guère se vanter de la victoire.

— Mais quels sont ces prisonniers, l'ami ? C'est une capture qui va te récompenser de tous tes travaux. Tu te fais vieux ; la guerre devient pour toi un métier trop rude ; maintenant que tu as une donzelle et un musicien, achète un singe, et parcours la contrée à la tête d'une troupe de jongleurs.

VII.

— Non, camarade, je n'ai pas cette espérance. La

bataille était terminée quand ce vieux ménestrel et cette jeune fille se sont rendus à notre camp et ont demandé une audience au comte de Mar. Le comte m'a donné l'ordre de leur procurer un cheval et de les conduire ici sans délai. Vos railleries sont hors de saison ; personne n'osera les faire rougir ou les offenser.

— L'entendez-vous ! s'écria John de Brent, toujours prêt à quereller. — Quoi donc ! il tuera le gibier près de la loge du garde forestier, et il lui refusera la part qui lui revient ! Je ferai valoir mes droits, Bertram, en dépit de Moray, de Mar et de toi-même.

Il se lève et s'avance avec un air audacieux. Bertram l'arrête. Animé par la vengeance, le vieil Allan met la main sur sa dague, quoique son âge le rende incapable de résister : mais Hélène se jette entre eux avec courage, et laisse tomber le plaid qui la couvre. Tel, dans une matinée d'orage, le soleil de mai se dépouille soudain du nuage qui voilait ses rayons. Cette soldatesque étonnée la contemple comme un ange descendu sur la terre ; Brent, lui-même, l'audacieux Brent, confus, s'arrête immobile d'admiration et de honte.

VIII.

Hélène leur parle avec assurance : Écoutez-moi, dit-elle :

— Mon père fut l'ami des soldats, vécut avec eux sous la tente, les conduisit souvent aux dangers, et versa comme vous son sang pour la gloire ; ce n'est point d'un brave que la fille d'un exilé recevra des affronts.

Brent, toujours le plus ardent dans le bien comme dans le mal, répondit à Hélène :

— Jeune fille, tu me fais rougir de mes torts. Toi, la fille d'un proscrit ! pauvre infortunée ! Moi aussi je fus proscrit par les lois des forêts, et Heedwood en sait la cause! Ma pauvre Rose!..... Si ma Rose vit encore, elle doit avoir le même âge que toi! — et il essuya une larme qui vint mouiller sa paupière. — Écoutez-moi, camarades : je vais au château chercher notre capitaine ; je pose ma lance sur le plancher ; celui qui osera la franchir pour offenser cette jeune étrangère recevra ma flèche dans le cœur! Abstenez-vous de toute parole libre et de toute raillerie grossière.... Vous connaissez John de Brent ; c'est vous en dire assez!

IX.

Le capitaine parut ; c'était un jeune et vaillant officier de la maison de Tullibardine, qui n'avait point encore reçu les éperons des chevaliers. Franc, gai, léger, il s'exprimait avec liberté, quoique la courtoisie modérât un peu sa hardiesse naturelle. La fière Hélène supporta mal l'examen curieux de ses regards et son air peu respectueux ; cependant Lewis était un jeune homme généreux et loyal ; mais la grace et la beauté d'Hélène, si peu d'accord avec ses vêtemens et le lieu où elle se trouvait, pouvaient faire naître des doutes, et égarer une imagination qui se livrait facilement aux vagues illusions.

— Soyez la bienvenue à Stirling, belle étrangère! dit Lewis : venez-vous y chercher un défenseur sur votre blanc palefroi et avec un vieux ménestrel, comme les damoiselles d'autrefois? Votre aventure demande-t-elle un chevalier, ou suffit-il d'un écuyer pour l'entreprendre?

L'œil noir d'Hélène étincelait : elle garda un moment le silence, et, poussant un soupir, elle répondit :—Hélas! ce n'est point à moi qu'il appartient d'avoir de la fierté : je viens, à travers les douleurs, la honte et les combats, demander une audience du monarque, implorer la grace d'un père. Voilà, pour obtenir la faveur que je désire, une bague, gage de la reconnaissance du prince, et donnée à Fitz-James par le roi Jacques lui-même.

x.

Lewis regarde l'anneau avec respect et une espèce de frayeur. — Nos devoirs, dit-il, nous sont prescrits par ce signe. Pardonnez, madame, si, méconnaissant votre rang sous le voile obscur qui le cache, je me suis rendu coupable par une indiscrétion téméraire. Aussitôt que le palais sera ouvert, j'informerai le roi que vous désirez le voir; daignez venir vous reposer dans un appartement digne de vous jusqu'à l'heure de l'audience. Des femmes vous serviront et obéiront à tous vos ordres; permettez-moi de vous conduire.

Mais avant de le suivre Hélène voulut, avec toute la grace et la libéralité des Douglas, que les soldats se partageassent sa bourse. Ils reçurent ce don avec reconnaissance: le seul Brent, confus et toujours brusque, repoussa l'or que lui offrait la main de la jeune fille.

— Pardonnez, dit-il, la fierté d'un Anglais, et oubliez surtout mon manque d'égards : la bourse vide est tout ce que je demande ; je la porterai attachée à ma toque, et peut-être, aux jours du danger, elle sera vue là où de plus brillans cimiers n'oseront se montrer.

Hélène ne put que remercier le soldat de sa grossière courtoisie.

xi.

Lorsque Hélène fut partie avec Lewis, Allan adressa une demande à John de Brent.

—Voilà ma jeune dame en sûreté, dit-il ; veuillez bien me permettre de voir mon maître : c'est moi qui suis son ménestrel, et lié à son sort depuis le berceau jusqu'à la tombe. Depuis le jour où mes ancêtres consacrèrent les accords de leur harpe à sa noble maison, aucun de leurs descendans, jusqu'à la dixième génération, n'a cessé de préférer l'intérêt de son seigneur au sien propre. Nos fonctions commencent à la naissance du Chef; notre harpe charme ses premières années, redit à sa jeunesse les récits de la gloire, et chante ses exploits à la chasse et dans les combats. Dans la paix, dans la guerre, nous sommes toujours à son côté; nous égayons ses repas, nous lui procurons un doux sommeil, et ne l'abandonnons qu'après avoir porté sur sa tombe le douloureux tribut de nos derniers chants.

Faites-moi donc partager sa captivité : c'est mon droit; ne me le refusez pas.

— Nous nous soucions peu, nous autres habitans du sud, d'une antique origine, dit John de Brent; et nous ne comprenons guère comment un nom suffit pour rendre des vassaux sujets d'un maître : cependant je me rappelle les bienfaits de mon noble seigneur, et Dieu bénisse la maison de Beaudesert! Si je n'avais pas mieux aimé poursuivre le cerf que guider le bœuf dans les sillons, je ne serais point venu ici comme un proscrit... Viens, bon ménestrel; suis-moi : tu vas revoir ton seigneur.

XII.

A ces mots John de Brent détacha d'un crochet de fer un trousseau de clefs pesantes; il alluma une torche, et conduisit Allan à travers des grilles et des passages obscurs. Ils franchirent des portes d'où l'on entendait, dans l'enfoncement, les plaintes des prisonniers et le bruit de leurs fers. Sous des voûtes grossières ils virent, réunis sans ordre, la roue, la hache, le glaive du bourreau, et maints instrumens pour disloquer et déchirer les membres, instrumens si terribles et si hideux que les artistes qui les inventèrent auraient regardé comme un crime et une honte de donner un nom à leur ouvrage. Ils s'arrêtèrent près d'une porte basse, où Brent remit la torche à Allan pendant qu'il faisait rouler sa chaîne et les verroux, et qu'il détachait la barre de fer. Ils entrèrent dans une chambre sombre, d'où la fuite paraissait impossible, mais qui n'était cependant pas un cachot, car le jour y pénétrait par un grillage élevé; un antique ameublement, semblable aux ornemens destinés autrefois aux nobles captifs, décorait les murailles et le parquet de chêne.

— Tu peux rester ici, dit Brent, jusqu'à ce que le médecin visite de nouveau le prisonnier; il a reçu l'ordre de lui donner tous ses soins.

En se retirant, Brent replaça le verrou, et les gonds firent entendre de nouveau leurs aigres murmures. Réveillé par ce bruit, un captif lève péniblement sa tête au-dessus de sa couche : le ménestrel regarde et reconnaît avec surprise, au lieu de son maître, le redoutable Roderic. Comme Allan était venu des lieux où le clan d'Alpine et les troupes du roi s'étaient livré bataille, les soldats avaient cru, par une méprise naturelle, que c'était le Chef des montagnes que demandait le ménestrel.

XIII.

Tel qu'un vaisseau dont l'orgueilleuse proue ne sillonnera plus les ondes, et qui, abandonné par son équipage, demeure engravé au milieu des brisans, tel était Roderic sur son lit de douleur. Souvent dans les accès de sa fièvre il agitait soudain ses membres avec un mouvement convulsif, semblable au navire quand il est soulevé par les vagues qui ne cessent de le battre et de l'ébranler sans pouvoir le transporter plus loin... Est-ce bien là ce Roderic qui parcourait naguère les montagnes et les vallons d'un pas si agile et si assuré?

Dès qu'il aperçut le ménestrel, il s'écria :

— Quelles nouvelles de ta maîtresse, de mon clan, de ma mère, de Douglas? Dis-moi tout, ont-ils été entraînés dans ma ruine? Oui sans doute, sinon que viendrais-tu faire ici? Parle toutefois, parle avec hardiesse; ne crains rien.

(En effet Allan, connaissant son humeur farouche, était troublé par le chagrin et par un sentiment de terreur.) — Quels sont ceux qui ont combattu avec courage? Sois bref, vieillard, poursuivit Roderic : quels sont ceux qui ont pris la fuite? car il en est qui ont pu fuir; ils n'avaient plus leur Chef. Quels sont les lâches qui survivent et les braves qui ont péri?

— Calme-toi, fils d'Alpine, dit le ménestrel; Hélène est en sûreté. — Le ciel en soit loué! — Nous pouvons espérer pour Douglas. Lady Marguerite non plus n'a rien à craindre; et, quant à ton clan, jamais la harpe des bardes n'a chanté de combat plus fécond en exploits. — Ton pin glorieux est encore debout, quoique dépouillé de plus d'un noble rameau.

XIV.

Le Chef se leva sur son séant : le feu de la fièvre étincelait dans ses yeux; des taches pâles et livides donnaient un aspect horrible à son front et à ses joues basanées.

— Écoute, ménestrel : dans cette île solitaire où le barde ne charmera jamais plus les loisirs du guerrier, ta harpe nous fit entendre, aux jours de fête, cet air de gloire qui rappelle notre triomphe sur les fils de Dermid; répète-le..... et puis fais-moi la peinture du combat qui a été livré aux Saxons par mon brave clan : ce sera une chose facile pour toi, ménestrel inspiré. Je te prêterai une oreille attentive, jusqu'à ce que mon imagination me fasse entendre le choc des armes. Alors ces grilles, ces murs s'évanouiront à mes yeux, je croirai voir le glorieux champ de bataille, et mon ame prendra librement son dernier essor, comme si elle s'élevait triomphante du milieu de la mêlée.

Le barde tremblant obéit avec respect, et laissa errer lentement sa main sur les cordes de la harpe; mais bientôt le souvenir de ce qu'il avait vu du haut de la montagne, mêlé au récit que Bertram lui avait fait pendant la nuit, réveilla tout son génie poétique, et il s'abandonna au sublime élan de son enthousiasme. Tel un navire mis à flot quitte d'abord la côte avec lenteur et timidité; mais, lorsqu'il suit l'impulsion des flots plus éloignés du rivage, il vole aussi rapide que l'éclair.

xv.

LA BATAILLE DE BEAL' AN DUINE.

— Le ménestrel vint saluer une dernière fois la cime occidentale du Ben-Venu; car, avant de partir, il voulait dire adieu à l'aimable lac Achray... Où trouvera-t-il sur la terre étrangère un lac aussi solitaire, un rivage plus doux ?

— Aucune brise ne glisse sur la fougère et ne ride l'onde paisible; l'aigle sommeille sur son aire; le daim s'est retiré dans le taillis; les oiseaux n'élèvent plus leur voix mélodieuse; la truite agile dort au fond des eaux, tant est sombre l'aspect de ce nuage précurseur de la

LE CORPS-DE-GARDE. 141

foudre, qui semble couvrir d'un manteau de pourpre le pic lointain de Benledi.

— Est-ce la voix solennelle du tonnerre qui nous menace, ou le pas mesuré du guerrier qui frappe la terre retentissante? Est-ce le feu brisé de l'éclair qui luit sur la forêt? ou seraient-ce les derniers rayons du soleil qui brillent sur les lances?

— Je vois le cimier de Mar, je vois l'étoile d'argent de Moray étinceler; les guerriers saxons s'avancent vers le lac : pour le héros amoureux des combats, pour le barde interprète de la gloire, un coup d'œil jeté sur cette armée vaudrait dix années d'une vie paisible.

XVI.

— Leurs archers, armés à la légère, observaient les taillis : leur centre présentait une épaisse forêt de lances, et les cuirassiers à cheval formaient l'avant-garde du corps de bataille.

On n'entendait résonner ni cymbale, ni clairon, ni cornemuse, ni tambour. Les combattans s'avançaient dans un silence qu'interrompait seulement le bruit de leur marche et de leur armure. Aucun souffle d'air ne balançait leurs cimiers, ou ne faisait flotter les drapeaux; à peine si l'on voyait trembler le feuillage du saule dont l'ombre frémissante s'étendait sur le chemin.

— Les vedettes envoyées à la découverte n'apportent aucunes nouvelles; elles n'ont surpris aucun ennemi en embuscade; elles n'ont aperçu aucune trace de créature vivante, excepté celle du daim que leur approche a fait fuir. L'armée poursuit sa route, semblable à la mer quand elle ne rencontre sur son passage aucun rocher pour s'opposer au cours paisible de ses flots. Le lac est derrière les Saxons : ils sont parvenus dans une vallée étroite et inégale vis-à-vis des gorges de Trosach; c'est là que les cavaliers et les fantassins font une halte, pendant que les archers s'engagent dans le défilé pour en explorer les détours dangereux.

XVII.

— Soudain un cri s'élève, si terrible qu'on eût dit que tous les rebelles bannis du ciel venaient de répéter le défi de l'enfer.

— Semblables à ces tourbillons de chaume léger qu'emporte le souffle des vents, les archers reparaissent en désordre dans le vallon : il fuient le trépas inévitable ; leurs cris de terreur se mêlent aux menaces de ceux qui les poursuivent ; derrière eux flottent les panaches et les plaids des montagnards qui agitent leurs larges claymores et les serrent de près. Vainqueurs et fuyards, tous se pressent pêle-mêle ! Comment les lances des Saxons soutiendront-elles le choc de ce torrent ?

— Baissez vos lances, s'écrie Mar, baissez vos lances; repoussez amis et ennemis.

— Telle que des roseaux courbés par le souffle de l'orage, cette forêt de lances est soudain abaissée; les soldats serrent leurs rangs et attendent de pied ferme le choc qui les menace. — Nous réduirons ces sauvages montagnards, dit le comte, comme leur tinchel (1) dompte les bêtes fauves ! ils arrivent avec l'impétuosité

---

(1) Des chasseurs entourent une grande étendue de terrain, et, rétrécissant peu à peu le cercle, rassemblent au milieu d'eux de nombreux troupeaux de daims, qui font d'inutiles efforts pour rompre le *tinchel*. Voyez les détails de cette chasse dans *Waverley*, tome 1er. — Éd.

d'un troupeau de daims ; comme eux, ils retourneront plus dociles dans leurs forêts !

XVIII.

— Le clan d'Alpine se précipite comme un torrent écumeux entraînant devant lui les débris des archers. Les montagnards brandissent sur leur tête leurs épées qui brillent comme des flots de lumière; et, unissant leurs noirs boucliers, ils se pressent sur les fuyards avec l'aveugle fureur de l'Océan battu par l'aile de la tempête.

— J'entendis les lances se rompre, comme les frênes que brise l'ouragan; j'entendis le son des claymores, semblable au bruit de mille enclumes. Mais Moray fait faire un détour aux cavaliers de son arrière-garde, et tombe sur les flancs des guerriers d'Alpine.

— Avance, mon porte-étendard, s'écrie-t-il; je vois leur colonne qui se rompt: allons, braves amis, pour l'amour de vos dames, fondez sur eux avec la lance!

— Les cavaliers se précipitent parmi les montagnards comme le cerf s'élance à travers les touffes de genêt. Leurs coursiers sont animés, leurs glaives sont tirés du fourreau; ils ont dans un instant éclairci les phalanges ennemies : les meilleurs soldats du clan d'Alpine sont hors de combat. Où était Roderic? une fanfare de son cor eût valu mille guerriers.

— Ces flots de combattans, qui étaient sortis de la gorge du défilé, y sont repoussés; on a cessé de voir la lance des Saxons et la claymore des montagnards. Comme le gouffre de Bracklinn, si profond et si obscur, reçoit les vagues qui s'y précipitent, de même ce fatal défilé dévore les rangs mêlés de la bataille ; il ne reste plus de combattans sur la plaine, que ceux qui ont cessé de vivre.

XIX.

— Le tumulte s'étend vers l'ouest le long du défilé..... Fuis, ménestrel! le carnage continue : le destin va enfin décider de cette journée, au lieu où la sombre gorge des Trosachs s'ouvre sur le lac et l'île Katrine! Je me hâte de repasser la cime de Ben-Venu..... Le lac se déroule à mes pieds, le soleil a quitté l'horizon; les nuages sont amoncelés; le voile obscur qui cache les cieux a donné aux ondes une teinte d'un bleu livide; par intervalles le vent s'échappait des sinuosités de la montagne, glissait sur le lac et expirait aussitôt. Je ne fis aucune attention au soulèvement des vagues; le défilé des Trosachs occupait seul ma vue; mon oreille n'écoutait que ce tumulte confus, semblable à la sourde voix d'un tremblement de terre, et qui annonçait cette agonie du désespoir terminée par la seule mort. C'était pour l'oreille du ménestrel le glas funèbre qui résonnait sur la tombe de plus d'un guerrier. Le tumulte approche : le défilé rejette encore une fois de son sein le torrent des combattans; mais les flots n'en sont plus mêlés. Les guerriers du nord se montrent comme la foudre sur les hauteurs, et se répandent sur les flancs de la montagne; les lances des Saxons paraissent plus bas sur les bords du lac comme un épais nuage.

— Épuisé de fatigue, chaque bataillon, privé de ses plus braves soldats, s'arrête avec un air farouche à l'aspect de l'ennemi : leurs bannières flottent comme une voile déchirée dont les lambeaux sont livrés aux caprices de l'aquilon; des armes brisées qu'on aperçoit çà et là attestent le carnage de cette terrible journée.

XX.

— Les Saxons jetaient sur le revers de la montagne

un regard soucieux et farouche, lorsque Moray, tournant le fer de sa lance du côté du lac, s'écria : — Voyez cette île ; il n'y a pour en défendre l'abord que de faibles femmes qui se tordent les mains : c'était là qu'autrefois ce clan de voleurs entassait son butin : je promets ma bourse remplie de pièces d'or à celui qui nagera jusqu'à une portée de trait, pour détacher une des chaloupes attachées au rivage. Nous aurons bientôt réduit ces loups, quand nous serons maîtres de leur tannière et de leur lignée.

— Un des lanciers sort des rangs, se dépouille de son casque et de sa cuirasse, et plonge dans l'onde. Son action est remarquée de tous, et les échos du Ben-Venu répétèrent les diverses clameurs des Saxons et des montagnards : ceux-ci rugissent de rage, et ceux-là encouragent leur compagnon, pendant que les femmes de l'île expriment leur terreur par des cris d'alarme. Ce fut alors que les nuages s'entr'ouvrirent soudain, comme si le tumulte avait déchiré leurs flancs ; un tourbillon bouleversa le loch Katrine, dont les vagues élevèrent leurs crêtes couronnées d'une blanche écume et empêchèrent les montagnards de diriger sur le nageur leurs flèches vengeresses qui tombèrent en vain autour de lui, mêlées à la pluie et à la grêle... Il atteint l'île, et sa main est déjà sur l'avant d'une chaloupe.....
Dans cet instant brilla un éclair qui teignit les flots et la rive d'une couleur de flamme ; je vis la châtelaine de Duncraggan debout contre le tronc d'un chêne, et le bras armé d'un glaive nu..... Le ciel s'obscurcit ;..... mais, au milieu du mugissement des flots, je distinguai un cri d'agonie....... L'éclair luit encore ;..... le cadavre du Saxon surnageait près des bateaux ; la ter-

rible veuve de Duncan brandissait sa dague sanglante.

XXI.

— Vengeance! vengeance! s'écrient les Saxons. Les montagnards leur répondent par des acclamations de triomphe. En dépit de la fureur des élémens ils allaient de nouveau engager le combat; mais, avant qu'ils en vinssent aux mains, il arriva un chevalier dont l'éperon était rougi par le sang de son cheval : il mit pied à terre, et du haut d'un rocher il agita un drapeau blanc entre les deux armées. A côté de lui, les clairons et les trompettes firent résonner au loin un air de paix, tandis qu'au nom du monarque la voix d'un héraut défendait la bataille en répétant que le seigneur de Bothwell et le fier Roderic étaient l'un et l'autre prisonniers.

Mais ici le récit poétique du ménestrel est soudain interrompu; la harpe échappe à ses mains... Plusieurs fois Allan avait jeté un regard furtif sur le fils d'Alpine pour voir quelle impression ses chants inspirés produisaient sur lui: d'abord le Chef, levant la main, suivait par un faible mouvement la mesure de ses accords; bientôt son bras s'affaissa... mais l'énergie de ses sentimens faisait suivre à ses yeux les sons variés de la harpe; enfin son oreille insensible ne peut plus rien entendre; son visage se ride, ses mains se contractent, ses dents se heurtent, son regard flétri est fixe et distrait. Ce fut ainsi qu'immobile et sans proférer une plainte, le sauvage Roderic expira.

Allan le considérait avec effroi pendant son agonie silencieuse; mais, quand il vit qu'il n'était plus, il fit entendre le chant de mort du guerrier.

XXII.

LE CHANT FUNÈBRE DE RODERIC.

 Tu n'es donc plus, noble fils des batailles,
 Orgueil des tiens, terreur de tes rivaux!
 Qui redira le chant des funérailles
  Sur le cercueil où descend un héros?
 Du ménestrel la harpe te fut chère;
 Tu fus l'appui de Douglas malheureux:
 Triste témoin de ton heure dernière,
  Je gémirai sur ton clan belliqueux!

 Dans tes vallons j'entends des cris d'alarmes,
 Je vois pleurer tes vassaux éperdus!
 C'est la fureur qui fait couler leurs larmes:
  On leur a dit que Roderic n'est plus!
 Quel est celui de ta tribu guerrière
 Qui n'eût donné ses jours pour le héros?
 Malheur! malheur au pin de ta bannière!
  Qu'un crêpe noir en voile les rameaux!

 Le sort cruel a trahi ton courage!
 Le passereau surpris par le chasseur,
 Faible captif, vit encor dans la cage;
  L'aigle y périt de rage et de douleur.
 Noble héros! un ménestrel sincère
 Ose t'offrir l'hommage de ses chants:
 A mes accords celle qui te fut chère,
  Hélène, un jour unira ses accens!....

XXIII.

Cependant Hélène, le cœur gros de soupirs, attendait l'audience du roi dans un appartement à l'écart, où les rayons du soleil levant se jouaient à travers les couleurs variées des carreaux de la fenêtre. C'est vainement qu'ils brillent sur les murailles dorées et sur une magnifique tapisserie; c'est vainement qu'une somptueuse collation est servie par des suivantes empressées; le luxe du banquet, la richesse de l'appartement ne peuvent fixer son œil curieux : si elle regarde ce n'est que pour se dire que le jour commençait sous de plus heureux présages dans cette île solitaire, où la dépouille du chevreuil était le seul dais disposé au-dessus de sa tête. Elle se rappelait le temps où son noble père goûtait les simples mets préparés par elle; Lufra, rampant à ses pieds, réclamait sa place accoutumée avec une orgueilleuse jalousie; Douglas, toujours amoureux de la chasse, parlait du cerf à Malcolm Grœme, dont la réponse, faite au hasard, trahissait la secrète pensée. Ceux qui ont goûté ces plaisirs purs apprennent à les regretter quand ils les ont perdus. Mais tout à coup Hélène lève la tête, et s'approche de la fenêtre avec un pas prudent. Quelle est la mélodie lointaine qui a la vertu de la charmer dans cette heure de tristesse? C'est d'une tour située au-dessus de l'appartement où elle se trouve, qu'un prisonnier chante cette romance.

XXIV.

LE LAI DU CHASSEUR PRISONNIER.

Mon faucon regrette la chasse:
J'entends murmurer mon limier;
Du repos mon coursier se lasse...
Plaignez le chasseur prisonnier!
Hélas! quand pourra-t-il encore,
Armé de l'arc et du carquois,
Aller, au lever de l'aurore,
Poursuivre le cerf dans les bois?

L'airain de ce clocher gothique
Marque pour moi tous les instans !
Par l'ombre de ce mur antique
Je compte encor les pas du temps !
Mais l'alouette matinale
Peut seule réjouir mon cœur :
Combien dans cette tour fatale
Les jours sont longs pour le chasseur !

Jours heureux, si courts dans la vie,
A jamais vous ai-je perdus !
Lieux embellis par mon amie !
Ne vous reverrai-je donc plus ?
Quand du soir la douce rosée
Aux vallons rendait leur fraîcheur,
Hélène, acceptant mon trophée,
Souriait à l'heureux chasseur !

XXV.

Ce lai mélancolique était à peine fini, Hélène attentive n'avait pas encore tourné la tête, une larme brillait au bord de sa paupière, lorsqu'elle entendit le bruit d'un pas léger ; c'était l'aimable chevalier de Snowdoun qui s'approchait d'elle. Hélène s'empressa de s'éloigner de la fenêtre, de peur que le prisonnier ne recommençât son chant.

— Oh ! soyez le bienvenu, brave Fitz-James, dit-elle. Comment une pauvre orpheline pourra-t-elle s'acquitter envers vous ?... — Cessez ce langage, interrompit le chevalier ; ce n'est point à moi que votre reconnaissance est due ; il ne m'appartient pas de vous accorder la faveur que vous désirez, et de conserver la vie de votre noble père ; je ne puis qu'être votre guide, chère Hélène, pour implorer avec vous le roi d'Écosse. Jacques n'est pas un tyran, quoique la colère et son orgueil blessé lui fassent oublier parfois son bon cœur. Venez,

Hélène; venez!... Il est temps; le prince tient sa cour de bonne heure.

Le cœur ému et palpitant de crainte, Hélène prit le bras du chevalier comme celui d'un frère. Fitz-James essuya avec douceur les larmes de la fille de Douglas, et lui dit tout bas d'espérer et d'avoir bon courage. Il guida ses pas chancelans, à travers de riches galeries et sous de hautes arcades, jusqu'à un portique dont les deux battans s'ouvrirent aussitôt que sa main les eût touchés.

XXVI.

L'appartement où ils entrèrent était étincelant de lumières et rempli d'un cortège brillant. Les yeux d'Hélène furent éblouis, comme lorsque le soleil couchant embellit l'horizon du soir de mille couleurs que l'imagination transforme en chevaliers aériens et en dames fantastiques.

Hélène restait immobile auprès de Fitz-James; elle fit ensuite quelques pas timides, leva lentement la tête, et promena ses regards craintifs dans la salle, pour chercher celui qui tenait le sceptre, ce prince redouté, dont la volonté servait de loi!... Elle vit plusieurs chevaliers dont l'aspect était digne d'un monarque, et bien faits pour présider la cour; elle vit maint vêtement splendide; et puis elle se retourna surprise et comme effrayée; car tous avaient la tête découverte, et Fitz-James seul gardait sa toque et son panache. Les yeux des dames et des courtisans étaient tournés vers lui. Au milieu de tous ces riches joyaux, de ces costumes magnifiques, Fitz-James, vêtu de simple drap vert de Lincoln, était le centre de ce cercle brillant: le chevalier de Snowdoun est le roi d'Écosse lui-même!

XVII.

Comme une guirlande de neige se détache du rocher qui lui servait d'appui, la pauvre Hélène abandonne le bras du monarque, et tombe à ses genoux. Sa voix étouffée ne prononce aucune parole... elle montre la bague et croise ses mains. Le prince généreux ne put souffrir ce regard suppliant; il la releva avec douceur, et fit cesser d'un coup d'œil le sourire de sa cour. Rempli de grace, mais conservant sa gravité, il baisa le front d'Hélène et lui dit de bannir tout effroi.

—Oui, dit-il, le pauvre Fitz-James est le roi d'Écosse ! Racontez-lui vos malheurs, exprimez-lui vos vœux, il rachètera son gage. Ne demandez rien pour Douglas; hier soir le roi et lui ont beaucoup pardonné. La calomnie lui a été funeste, et moi j'ai souffert de la révolte de ses amis. Nous n'avons pas voulu accorder à la populace ce qu'elle demandait par de bruyantes clameurs; nous avons entendu et jugé sa cause avec calme. Notre conseil et les lois ont décidé; j'ai terminé les dissensions fatales de votre père avec Devaux et le vieux Glencairn : nous reconnaîtrons désormais le seigneur de Bothwell pour l'ami et le bouclier de notre trône. Mais, aimable incrédule, qu'est-ce donc ? quel nuage obscurcit ton visage, où le doute se peint encore? Lord James de Douglas, aide-moi à persuader cette fille méfiante.

XVIII.

Alors le noble Douglas s'avance, et sa fille se jette dans ses bras. Le monarque, dans cette heure de bonheur, savoura la plus douce volupté que puisse goûter la puissance, celle de dire avec un accent céleste : — Vertu malheureuse, lève-toi, et triomphe! Cependant Jacques ne voulut pas que les transports de la nature servissent long-temps de spectacle à sa cour; il se mit entre le père et la fille.

— Allons, Douglas, dit-il, ne m'enlevez pas ma protégée; c'est à moi de lui expliquer l'énigme qui a hâté cet heureux moment. — Oui, Hélène, lorsque je me déguise pour errer dans les sentiers plus humbles, mais plus heureux de la vie, je prends un nom qui cache mon rang et ma puissance : ce nom n'est point un nom emprunté, car la tour de Stirling s'appelait jadis la tour de Snowdoun, et les Normands me nomment James Fitz-James. C'est ainsi que je veille sur les lois outragées, et que j'apprends à redresser l'injustice. Et il ajouta à part, et d'un ton plus bas : Petite traîtresse, chacun doit ignorer que ma folle illusion, une pensée plus frivole, une vanité chèrement payée, et tes yeux noirs, m'attirèrent à Ben-Venu, par un charme invincible, dans un moment de danger, où le glaive montagnard faillit trancher les jours du monarque.

Il poursuivit à haute voix : — Vous tenez encore le petit talisman, gage de ma parole, l'anneau de Fitz-James; qu'avez-vous, belle Hélène, à demander au roi?

XXIX.

La jeune fille comprit aisément que le prince sondait la faiblesse de son cœur : avec cette pensée se réveillèrent ses craintes pour Græme; mais elle pensa en même temps que la colère du monarque devait être allumée surtout contre celui qui avait tiré un fer rebelle en faveur de son père; et, constante dans ses sentimens généreux, elle implora la grace de Roderic.

— Fais-moi une autre demande, dit Jacques; le roi des rois peut seul arrêter l'essor d'une vie prête à s'échapper. Je connais le cœur de Roderic, je connais sa vaillance; j'ai partagé son repas et éprouvé son épée, je donnerais la plus belle de mes provinces pour prolonger les jours du chef du clan d'Alpine : n'as-tu pas une autre faveur à solliciter, un autre captif à sauver?

Hélène rougit et détourna ses yeux; elle remit la bague à Douglas comme pour prier son père d'adresser pour elle la demande qui la faisait rougir.

—Non, non! dit le roi ; mon gage a perdu sa vertu; la justice sévère reprend son cours. Approche, Malcolm. Et Grœme vint fléchir le genou auprès du monarque.

— Personne n'implore ta grace, audacieux jeune homme, ajouta celui-ci; la vengeance réclame ses droits contre l'ingrat qui, élevé sous notre protection, a payé nos soins par des trahisons, et cherché dans son clan fidèle un refuge pour un proscrit : tu as déshonoré le nom de tes ancêtres, connus par leur loyauté; il faut des fers et un gardien pour Grœme.

A ces mots, le roi détache en souriant sa chaîne d'or, la passe au cou de Malcolm, et remet dans les mains d'Hélène l'agrafe qui en réunit les brillans anneaux.

―――

Harpe du nord, adieu! Les collines se rembrunissent; une ombre plus épaisse descend sur les pics de la montagne couronnée de pourpre; la luciole (1) brille comme un diamant dans le crépuscule, et les daims, qu'on ne voit qu'à demi, se retirent sous l'abri de la feuillée; reprends place sur ton ormeau magique ; réponds au murmure de la fontaine et à l'harmonie sauvage de la

(1) *Luciole, lampyris, ver-luisant.*

brise ; mêle tes doux accords à l'hymne du soir, aux échos lointains de la colline, à la flûte du jeune pâtre et au bourdonnement de l'abeille qui retourne à la ruche.

Adieu encore une fois, Harpe du ménestrel ! pardonne mon faible essai ; je m'inquiéterai peu si la censure sévère s'amuse par oisiveté à critiquer ces fruits de mes loisirs. Que n'ai-je pas dû à tes accords dans le long pèlerinage de la vie, quand des peines secrètes que la monde ignora toujours, assiégeaient mes nuits sans sommeil auxquelles succédaient des jours plus tristes encore ! Ah ! le chagrin qu'on dévore dans la solitude est de tous le plus amer !... Si je n'ai pas succombé à tant de maux, c'est à toi que je le dois, céleste enchanteresse !

Mais silence ! pendant que mes pas ralentis s'éloignent à regret, quelque esprit aérien vient de réveiller tes cordes : c'est tantôt la touche brûlante d'un séraphin inspiré, et tantôt l'aile joyeuse d'une fée qui les caresse à son tour. Ces sons mourans s'affaiblissent de plus en plus dans la pente du vallon ; et maintenant la brise de la montagne apporte à peine jusqu'à moi un dernier accent de cette harmonie mystérieuse !... Déjà règne le silence. — Enchanteresse, adieu !

FIN DE LA DAME DU LAC.

NOTES

DE LA DAME DU LAC.

CHANT PREMIER.

Note 1. — Paragraphe IV.

Uam-var ou Vaigh-neor est une montagne située au nord-est du village de Callender, dans le comté de Menteith ; elle tire son nom, qui signifie *la grande caverne*, d'une espèce de retraite parmi les rochers, où la tradition prétend qu'un géant faisait jadis sa demeure. Plus récemment cette caverne était devenue le refuge d'une troupe de voleurs et de bandits, qui n'en ont été expulsés que depuis une quarantaine d'années.

Note 2. — Paragraphe VII.

« Les chiens que nous appelons les chiens de Saint-Hubert sont
« ordinairement tout noirs, quoique la race en soit devenue si
« mêlée de nos jours, qu'on en trouve de toutes les couleurs : ce
« sont ces chiens dont les abbés de Saint-Hubert ont toujours con-
« servé la race en mémoire de leur saint, qui était un chasseur
« aussi-bien que saint Eustace ; d'où nous pouvons croire qu'avec la
« grace de Dieu tous les *bons chasseurs* les suivront en paradis.

« Pour en revenir à mon sujet, les chiens de Saint-Hubert ont
« été dispersés dans les provinces du Hainaut, de la Lorraine, de
« la Flandre et de la Bourgogne; ils sont hauts de taille, et ce-
« pendant leurs jambes sont courtes et basses. Ils ne sont pas très-
« légers à la course, quoique doués d'un odorat des plus fins,
« suivant de loin le gibier, ne craignant ni l'eau ni le froid, et
« préférant les bêtes qui sentent comme le renard, parce qu'ils ne
« se croient ni assez de vitesse ni assez de courage pour chasser les
« animaux doués d'une agilité plus grande. Les limiers de cette
« couleur sont en général estimés, surtout ceux qui sont d'un noir
« parfait; mais je ne me suis jamais soucié d'en élever moi-même.
« Cependant j'ai eu entre les mains le livre qu'un chasseur devait
« à un prince de Lorraine, grand amateur de la chasse, et en tête
« duquel était une devise que ledit chasseur donnait à son limier,
« appelé Sonyllard, qui était blanc :

— Je tire mon origine de la race du grand saint Hubert; j'eus
« pour père Sonyllard, chien d'une vertu rare. —

« D'où nous pouvons présumer que ces chiens peuvent être ac-
« cidentellement de couleur blanche. » (*Le noble Art de la Vénerie,* traduit pour l'usage de tous les gentilshommes de Londres; 1611.)

Cette note intéressera tout au plus les chasseurs, et nous l'aurions peut-être omise si nous n'avions traduit ce premier chant de
la Dame du Lac dans le château de Chevry, où un aimable chasseur nous donnait l'hospitalité, et nous forçait de convenir qu'il
n'est rien de plus intéressant que la chasse.

NOTE 3. — Paragraphe VIII.

Quand le cerf était aux abois, le chef des chasseurs avait la
tâche périlleuse d'aller lui porter le coup de mort. A certaines
époques de l'année c'était une tâche vraiment dangereuse, la blessure faite par les bois du cerf étant réputée venimeuse, beaucoup
plus même que la blessure faite par les défenses d'un sanglier,
comme le disent deux vers anciens, dont voici le sens :

« Si tu es blessé par un cerf, tu es sur le chemin de ta bière ; mais la main
« du barbier guérit la blessure du sanglier : ainsi ne t'effraie pas. »

Quoi qu'il en soit, cette dernière opération de la chasse n'était pas sans danger, et le livre cité dans la note précédente indique toutes les précautions à prendre pour se défaire du cerf sans rien risquer.

Note 4. — Paragraphe XIV.

Avant que la route actuelle fût pratiquée dans le passage romantique que l'auteur a essayé ici de décrire, il n'y avait aucun moyen de sortir du défilé appelé *Trosach*, si ce n'est par une espèce d'échelle faite avec des branches et des racines.

Note 5. — Paragraphe XVII.

Les clans qui habitaient les contrées qui environnent le lac Katrine étaient encore, il n'y a pas très-long-temps, dans l'ancienne habitude de faire des excursions sur les basses terres ou Lowlands.

Note 6. — Paragraphe XXIII.

Si l'évidence pouvait nous autoriser à croire des faits qui contrarient les lois générales de la nature, on pourrait appuyer par de nombreuses preuves la croyance à la *seconde vue*. On l'appelle *Taishitaraugh* dans la langue gallique, de *Taish* (apparence fantastique ou imaginaire). Ceux qui sont doués de cette faculté, *de ce sens prophétique*, sont nommés *Taishatun*, qu'on pourrait traduire par le mot visionnaire.

Martin, qui croit fermement à la *seconde vue*, en parle en ces termes :

« La *seconde vue* est une faculté singulière de voir un objet
« d'ailleurs invisible, sans préparation préalable. La vision fait une
« impression si vive sur les devins, qu'ils ne voient que cette vision
« même, et ne sont distraits par aucune autre pensée tant qu'elle
« continue. Ils paraissent alors tristes ou gais, suivant l'objet qui
« leur est représenté.

« A l'approche d'une vision les paupières se contractent et se
« lèvent, les yeux demeurent fixes jusqu'à ce que l'objet s'éva-
« nouisse.

« Si on voit quelqu'un entouré d'un linceul, c'est un sûr pro-
« nostic de mort.

« Si on voit une femme se tenant debout à la gauche d'un
« homme, c'est un présage de mariage entre eux : qu'ils vivent dans
« le célibat, ou même qu'ils soient déjà mariés, n'importe !

« Si deux ou trois femmes sont vues ainsi à la gauche d'un
« homme, cet individu les épousera toutes les unes après les autres,
« quelles que soient les circonstances actuelles, etc. etc. »

(MARTIN, *Description des îles, etc.*; 1716.)

A ces particularités on pourrait ajouter d'innombrables exemples, tous attestés par des auteurs graves et dignes de foi ; mais en dépit de l'évidence, à laquelle n'ont pu se refuser ni Bacon, ni Boyce, ni Johnson, le *Taish* avec toutes ses visions semble être totalement abandonné aux poètes. Le poëme si parfaitement beau de Lochiel (1) vient ici naturellement à la mémoire du lecteur.

NOTE 7. — Paragraphe XXV.

Les chefs celtes, dont la vie était assaillie par des périls continuels, avaient communément dans la partie la plus reculée de leurs domaines quelque retraite, comme une tour, une caverne ou une demeure rustique. Ce fut dans une semblable retraite que Charles Édouard se cacha après la malheureuse bataille de Culloden.

NOTE 8. — Paragraphe XXVIII.

Ces deux fils d'Anak sont fameux dans les livres de chevalerie : le premier est bien connu des admirateurs de l'Arioste, sous le nom de Ferrau ; il fut un des antagonistes de Rolland, et tué par lui dans un combat singulier. Le roman de *Charlemagne* lui attribue des formes on ne peut pas plus gigantesques.

Ascapart ou Ascabart joue un rôle important dans l'histoire de sir Bevis de Hampton, par qui il fut vaincu. Son effigie peut être vue encore sur un côté de la porte de Southampton, dont l'autre est occupé par sir Bevis lui-même.

NOTE 9. — Paragraphe XXIX.

Les montagnards, très-scrupuleux dans l'exercice des devoirs

(1) Par Campbell, auteur des *Plaisirs de l'Espérance* et de *Gertrude de Wyoming*. — ÉD.

de l'hospitalité, auraient cru se rendre coupables de grossièreté en demandant à un étranger son nom ou sa famille avant qu'il eût pris quelques rafraîchissemens. Les inimitiés étaient si fréquentes parmi eux, qu'une règle contraire aurait pu faire priver un hôte du bon accueil qui lui était destiné.

Note 10. — Paragraphe xxx.

« Les montagnards aiment beaucoup la musique, mais surtout
« celle des harpes et des *clairschoes* à la façon du pays. Les cordes
« des clairschoes sont de fil d'archal, et celles des harpes de sub-
« stances tendineuses : ils les pincent avec leurs ongles qu'ils lais-
« sent grandir, ou avec un instrument à cet usage. Ils prennent
« grand plaisir à orner leurs harpes avec de l'argent ou des pierres
« précieuses, et dans les classes pauvres avec du cristal. Ils com-
« posent et chantent des vers à la louange des héros : leur langage
» est une altération de l'ancien français. » (*Essais sur le royaume d'Écosse en* 1597; Londres, 1603.)

Les anciennes ballades des montagnards font seules mention aujourd'hui des harpes et des clairschoes, et la cornemuse (*the bagpipe*) les remplace aujourd'hui.

M. Gunn, d'Édimbourg, a publié dernièrement un essai curieux sur la harpe et la musique des anciens montagnards.

Note 11. — Paragraphe xxxi.

Quoique nous ayons reconnu (voyez la *Notice*) la difficulté d'être fidèle traducteur en vers, nous ne donnerons le mot à mot des ballades de la *Dame du Lac* que quand nous nous serons essentiellement écartés du sens de l'auteur. — Éd.

CHANT II.

Note 1. — Paragraphe 1.

Les Chefs des montagnes avaient à leur service un barde, qui était au nombre des officiers de la maison. (Voyez le tome Ier de *Waverley*.) — Éd.

Note 2. — Paragraphe vi.

L'ancienne famille des Graham possédait des domaines considérables dans les cantons de Dumbarton et de Stirling. La mesure nous a fait presque une loi d'écrire ce nom d'après la prononciation écossaise. Il est peu de familles qui puissent prétendre à plus de renommée historique ; trois célèbres héros des annales d'Écosse lui assurent l'immortalité. Le premier fut sir John the Grœme, fidèle compagnon d'armes de Wallace, et mort à la bataille de Falkirk en 1298 ; le second de ces grands hommes fut le marquis de Montrose, dans lequel le cardinal de Retz vit se réaliser l'idéal qu'il s'était formé des héros de l'antiquité. Malgré la sévérité de son caractère et la rigueur avec laquelle il exécuta la terrible mission des princes qu'il servit, je n'hésite pas à nommer comme le troisième John Grœme de Claverhouse, vicomte de Dundee, dont la mort héroïque dans le sein de la victoire doit atténuer la cruauté qu'il montra envers les non-conformistes pendant les règnes de Charles II et de Jacques II.

Note 3. — Paragraphe vii.

Je n'essaierai point de prouver que saint Modan fut habile à pincer la harpe. Ce talent n'a rien cependant qui dégrade un saint ; car saint Dunstan en pinçait très-certainement ; et sa harpe, participant à la vertu de son maître, annonçait l'avenir par ses sons spontanés, comme l'attestent les légendes :

« ..... Un jour que saint Dunstan travaillait à ses arts mécaniques « pour une matrone pieuse, sa harpe, suspendue à la muraille, fit « entendre distinctement d'elle-même cette antienne :

« *Gaudent in cœlis animæ sanctorum qui Christi vestigia sunt* « *secuti ; et quia pro ejus amore sanguinem suum fuderunt ; ideò* « *cum Christo gaudent æternùm.* »

« Tous les assistans fort surpris n'eurent plus des yeux que pour « considérer cet instrument extraordinaire. »

. . . .
. . . .

(Voyez les *Vies choisies des saints les plus fameux de l'Angleterre, de l'Écosse et de l'Irlande*, par le révérend père Hiérôme Porter; Douay, 1632, in-4; tom. I, pag. 438.)

Note 4. — Paragraphe VIII.

Le texte fait ici allusion à la disgrace des Douglas, de la maison d'Angus, pendant le règne de Jacques V. (Voyez l'introduction des *Ballades des frontières*. — Éd.)

Note 5. — Paragraphe XII.

Cet attentat dont Roderic est ici accusé n'était pas rare à la cour d'Écosse, où la présence du souverain ne pouvait prévenir l'effusion du sang.

Note 6. — Paragraphe XII.

La situation de cette famille, si puissante avant son exil, n'est point exagérée ici. La haine que Jacques portait au nom de Douglas était si invétérée, que quels que fussent le nombre de leurs alliés et le mépris qu'on faisait alors de l'autorité royale, aucun de leurs amis n'osait les accueillir que sous le plus grand secret.

Note 7. — Paragraphe XIII.

La paroisse de Kirmarnock tire son nom d'une chapelle dédiée à saint Maronoch, Marnoc ou Maronan. La fontaine qui était dédiée à ce bienheureux patron a aujourd'hui un peu perdu des vertus qu'on lui attribuait autrefois.

Note 8. — Paragraphe XIV.

C'est près d'un lieu appelé *le pont de Bracklin* qu'un torrent des montagnes nommé le Keltic forme une belle cascade qui porte ce nom. Le pont est si étroit qu'on ne le traverse guère sans trembler. (Voyez les *Vues pittoresques d'Écosse*. — Éd.)

Note 9. — Paragraphe XV.

Archibald, troisième comte de Douglas, était si malheureux

dans toutes ses entreprises, qu'il en acquit le surnom de *Tineman*, du mot écossais *tine*, perdre, parce qu'il perdait ses compagnons dans toutes les batailles qu'il donnait, etc., etc. (Voyez l'*Histoire de la maison de Douglas*.)

NOTE 10. — Paragraphe XV.

Les anciens guerriers, dont l'espoir et la confiance reposaient presque entièrement sur leur épée, avaient l'habitude d'en tirer des présages, surtout de celles qui étaient enchantées ou fabriquées par l'art des magiciens. Nous renvoyons aux romans et aux légendes du temps. Bartholin (*De causis contemptæ à Danis adhuc gentilibus mortis*) raconte l'histoire de la merveilleuse épée *Skofnung*, qui fut trouvée dans un tombeau royal par un pirate. Je citerai une anecdote qui a aussi son mérite en fait de merveilleux.

Un jeune gentilhomme s'égara dans les faubourgs d'une ville capitale d'Allemage, où l'approche d'un orage le força de se réfugier dans une maison voisine. Il frappa à la porte ; elle lui fut ouverte par un homme de haute taille, d'un aspect féroce et dans un costume dégoûtant. L'étranger fut introduit dans une chambre dont les murs étaient garnis de sabres, de haches et de machines, qui semblaient former un véritable arsenal d'instrumens de tortures. Il hésitait à entrer, lorsqu'un sabre tomba de son fourreau. Son hôte le regarda alors avec un air si extraordinaire, que le jeune homme ne put s'empêcher de lui demander son nom, sa profession, et ce que voulait dire l'expression de sa figure. — Je suis, répondit cet homme, le bourreau de la ville, et l'incident que vous avez observé est un présage certain que je dois un jour, dans les fonctions de mon emploi, vous trancher la tête avec cette même lame qui vient d'abandonner spontanément son fourreau.

Le jeune homme ne se soucia pas de demeurer long-temps chez son hôte ; mais s'étant trouvé dans une émeute, quelques années après, il fut décapité par le bourreau, et avec le sabre qu'il avait vu chez lui.

NOTE 11. — Paragraphe XVII.

« Les connaisseurs en musique de cornemuse prétendent distin-

« guer dans un pibroc bien composé tous les sons imitatifs d'une
« marche, d'un combat, d'une déroute, et tous les incidens
« d'un combat animé. Voici ce qu'en dit le docteur Beattie. — Un
« pibroc est une espèce de symphonie qui n'appartient qu'aux mon-
« tagnes et aux îles de l'Écosse. Il est exécuté sur la cornemuse,
« et diffère totalement de toute autre musique. Le rhythme en est
« si irrégulier, qu'un étranger ne peut y faire son oreille et en
« analyser les modulations ; quelques-uns retracent toute une ba-
« taille, etc., etc. »

(*Essai sur le rire et les compositions plaisantes*, chap. III.)

Note 12. — Paragraphe xix.

Outre son nom et son surnom, chaque Chef des montagnes avait une épithète, pour exprimer sa dignité patriarcale comme chef de son clan, qui lui était commune avec ses devanciers et ses successeurs : tel était le titre de Pharaon pour les rois d'Égypte, et d'Arsace pour ceux d'Assyrie. C'était ordinairement un nom patronymique, exprimant la descendance du fondateur de la famille. Le duc d'Argyle, par exemple, s'appelait Mac-Callum-More, ou fils de Colin-le-Grand. Quelquefois ce nom était encore tiré d'une distinction d'armoiries. La chanson des rameurs est une imitation des jorams écossais, adaptée parfaitement aux mouvemens de l'aviron.

Note 13. — Paragraphe xx.

Lennox était particulièrement exposé aux incursions des montagnards. La bataille de Glen-Fruin est fameuse par le sang qui y fut répandu avec tant d'atrocité (1602).

Les suites de cette bataille furent terribles pour le clan des Mac-Gregor, qui y avait figuré, et qui passait déjà pour une tribu rebelle. Les veuves des Colquhouns qui avaient été égorgés vinrent, au nombre de soixante, trouver le roi à Stirling ; elles étaient toutes montées sur des palefrois blancs, et portaient les chemises sanglantes de leurs maris au bout d'une pique. Jacques VI fut si touché de leur douleur, qu'il exerça sur les Mac-Gregor une terrible vengeance. On proscrivit jusqu'au nom de ce clan ; tous ceux qui lui avaient appartenu étaient passés au fil de l'épée ou livrés aux flammes, et chassés avec des limiers comme des bêtes féroces.

Nous renvoyons nos lecteurs au chef-d'œuvre de *Rob-Roy*, qui nous autorise à abréger cette note.

Note 14. — Paragraphe XXVIII.

« En 1529, Jacques V, à la suite d'une décision de son conseil,
« prit des mesures énergiques pour comprimer les clans des fron-
« tières, dont les déprédations s'étaient souvent renouvelées pen-
« dant sa minorité. Il rassembla une espèce de camp volant, où se
« rendit toute sa noblesse, qui avait ordre d'amener les faucons et
« les meutes, afin que le roi pût jouir du plaisir de la chasse dans
« les intervalles de l'expédition. Il parcourait ainsi la forêt d'Et-
« trick, faisant pendre à droite et à gauche les Chefs rebelles, etc. »
(*Histoire d'Écosse*, par Piscottie).

Note 15. — Paragraphe XXXV.

Le reproche de mollesse était le plus amer qu'on pût adresser à un montagnard.

Une nuit que le vieux sir Ewan Cameron de Lochiel était étendu sur la neige avec ses compagnons, il aperçut un de ses petits-fils qui, pour être mieux couché, avait roulé un cylindre de neige pour pour le faire servir d'appui à sa tête. — Comment! lui cria-t-il, indigné et repoussant du pied ce qu'il regardait sans doute comme un meuble de luxe, es-tu assez efféminé pour avoir besoin d'un coussin?

« Ils ont été accoutumés dès l'enfance à nager comme des barbets,
« dit l'auteur des *Lettres sur l'Écosse* en parlant de nos monta-
« gnards, et ils ne craignent l'eau dans aucune saison. »

Note 16. — Paragraphe XXXV.

« L'*écuyer*, c'est le *hench-man*, une espèce de secrétaire, officier
« de la maison d'un Chef. Le *hench-man* est continuellement auprès
« de son maître, se tenant derrière sa chaise quand il est à table,
« étant toujours prêt à exécuter ses ordres, et à punir, sans autre

« forme de procès, quiconque se permettrait un propos injurieux
« contre son seigneur. » (*Lettres sur l'Écosse.*)

CHANT III.

NOTE 1. — Paragraphe 1.

Quand un Chef voulait convoquer son clan dans un pressant danger, il tuait une chèvre, et, taillant une croix de bois, en brûlait les extrémités pour les éteindre dans le sang de l'animal : c'était ce qu'on appelait la croix du feu, et aussi *Crean Tarigh*, ou croix de la honte, parce qu'on ne pouvait refuser de se rendre à l'invitation qu'exprimait ce symbole, sans être voué à l'infamie. La croix était confiée à un messager fidèle, et agile à la course, qui la portait sans s'arrêter jusqu'au village voisin, où un autre courrier le remplaçait aussitôt : par ce moyen, elle circulait dans la contrée avec une célérité incroyable.

NOTE 2. — Paragraphe IV.

L'état de la religion dans le moyen âge laissait de grandes facilités à ceux qui, par leur genre de vie, étant exclus du culte régulier, voulaient cependant se conserver l'assistance spirituelle d'un confesseur prêt à adapter sa doctrine aux besoins particuliers de son troupeau. On sait que le fameux Robin Hood avait pour chapelain le moine Tuck ; ce moine tronqué était probablement de la même espèce que ces pères spirituels des bandits de Tynedale, contre lesquels, sous Henry VIII, l'évêque de Ourhan fulmina une excommunication. (Voyez *Ivanhoe.*)

NOTE 3. — Paragraphe V.

La légende qui suit n'est pas de l'invention de l'auteur : il est possible que nos critiques (anti-romantiques) ne veuillent pas convenir que les superstitions les plus propres à caractériser un pays sont le sujet le plus convenable à la poésie moderne. Il n'y a que deux milles d'Inverloghie à l'église de Kilmalie, dans Lochield. Dans les anciens temps, une bataille avait été livrée près d'une colline voisine, et des ossemens y gisaient épars çà et là depuis des siècles; quelques pasteurs de la ville d'Unnat et d'Inverloghie se trouvèrent réunis avec quelques jeunes filles sur cette colline : le temps était très-froid ; ils rassemblèrent les ossemens, et en firent un grand feu. Sur le soir, ils se retirèrent, excepté une des filles, qui resta encore quelque temps. Se voyant seule, elle releva ses jupons jusque sur ses genoux, pour mieux se réchauffer : un vent vint à souffler, qui poussa les cendres sur elle, et elle conçut un enfant mâle; peu de temps après, tous les symptômes de la grossesse se déclarèrent; et enfin, au bout de neuf mois, elle accoucha. Ses parens la pressèrent de leurs questions, qu'elle ne savait comment satisfaire ; elle se hasarda pourtant à dire ce qui lui était arrivé. Son fils fut appelé Gili-Dhu Maghrevollich, c'est-à-dire, *l'Enfant noir, fils des os*. Ce fut sous ce nom qu'il fut envoyé à l'école, où il devint un savant et un saint. Ce fut lui qui fit bâtir l'église de Kilmalie dans Lochield. (Voyez *le Recueil géographique du laird de Macfarlane*.)

Cette croyance romantique n'est pas des plus gracieuses ; mais les mythologues avoueront qu'elle vaut pourtant la naissance d'Orion.

Éd.

Note 4. — Paragraphe v.

Le ruban des filles écossaises, appelé *snood*, était un emblème de la virginité, que les femmes mariées remplaçaient par la coiffe, *curch* ou *toy* : mais, si la jeune fille avait le malheur de perdre des droits au titre de vierge sans obtenir celui d'épouse, il ne lui était plus permis de porter le snood, et elle ne pouvait porter la coiffe. Les vieilles ballades écossaises font souvent de malicieuses allusions à cette circonstance.

Note 5. — Paragraphe vi.

En adoptant la légende concernant la naissance du fondateur de l'église de Kilmalie, l'auteur a essayé de retracer les effets qu'une semblable croyance devait produire, dans un siècle barbare, sur celui qui l'entendait raconter. Il est probable qu'il devait devenir un fanatique ou un imposteur, ou plutôt le mélange de ces deux caractères, qui existe plutôt que l'un ou l'autre séparément. Dans le fait, les personnes exaltées sont fréquemment plus jalouses de graver dans le cœur des autres la croyance en leurs visions, qu'elles ne sont elles-mêmes convaincues de leur réalité; de même qu'il est difficile à l'imposteur le plus de sang-froid de jouer long-temps le rôle d'enthousiaste sans croire lui-même un peu ce qu'il veut persuader. Il était naturel qu'un personnage tel que l'ermite Brian ajoutât foi aux superstitions des montagnards. Cette stance VI fait allusion à quelques-unes de ces superstitions locales.

NOTE 6. — Paragraphe VII.

La plupart des grandes familles de l'Écosse étaient supposées avoir un génie tutélaire, ou plutôt domestique, qui leur était attaché exclusivement, s'intéressait à leur prospérité, et les avertissait par ses cris plaintifs quand quelque malheur les menaçait. Celui de *Grant* s'appelait *May-Moullach*, et lui apparaissait sous la forme d'une jeune fille qui avait un bras velu. Un autre Grant de Rothermucus avait aussi à ses ordres un de ces esprits, nommé *Bodachan-dun*, ou l'esprit de la colline.

La Banchie était la fée dont les gémissemens précédaient toujours, dit-on, la mort d'un Chef. Quand cet esprit femelle est visible, c'est sous la forme d'une vieille femme aux cheveux flottans et couverte d'un manteau bleu.

La mort d'un chef de famille est aussi quelquefois annoncée par une chaîne de lumières de diverses couleurs, appelée *Dreugh*, ou *la mort du Druide*, qui se dirige vers le lieu de la sépulture.

NOTE 7. — Paragraphe VII.

Ce bruit entendu sur le Benharow fait allusion à un présage semblable, qui annonce toujours, assure-t-on, la mort à l'ancienne famille de M. Lean : c'est l'esprit d'un de ses ancêtres, tué jadis dans une bataille, qui galope sur une montagne.

NOTE 8. — Paragraphe VIII.

Inch-Caillach, l'île des *Nonnes* ou des Vieilles Femmes, est une île délicieuse à l'extrémité du loch Lomond. Il reste à peine quelques ruines de l'église ; mais on y trouve encore le cimetière, qui continue de recevoir les dépouilles mortelles des clans voisins. Les monumens les plus remarquables sont ceux des lairds de Mac-Gregor, qui prétendent descendre de l'ancien roi écossais du nom d'Alpine.

Les montagnards sont très-jaloux de leurs droits de sépulture, comme on doit l'attendre d'un peuple dont les lois et le gouvernement (si ce nom peut être donné aux institutions d'un clan) reposent sur le principe de l'union des familles.

Que ses cendres soient jetées à l'eau! était une des imprécations les plus terribles qu'un montagnard pût adresser à un ennemi.

Note 9. — Paragraphe xiii.

Le bogle, chaussure actuelle des montagnards, est fait de cuir, avec des trous pour laisser l'eau pénétrer et s'écouler ; car on ne peut espérer de traverser les marécages à pied sec. L'ancienne bottine était encore une chaussure plus grossière que le bogle ; les poils de la peau étaient en dehors.

Note 10. — Paragraphe xvi.

Nous répéterons seulement, au sujet du coronach des montagnards, que c'est l'ululoa des Irlandais et l'ululatus des Romains.

Note 11. — Paragraphe xix.

Ceux qui voudront connaître les pays que parcourt la croix de feu envoyée par Roderic, doivent le suivre sur la carte.

Note 12. — Paragraphe xxiv.

Il est bon d'informer le lecteur que l'on met souvent le feu aux bruyères d'Écosse, pour que les troupeaux puissent brouter l'herbage nouveau qui les remplace.

Note 13. — Paragraphe xxiv.

D'autre serment que celui qu'ils avaient prononcé par le bras de

DU CHANT III.

leur Chef Le respect aveugle que les hommes du clan portaient à leur Chef rendait ce serment très-solennel.

Note 14. — Paragraphe XXV.

Coir-Nan-Uriskin est une caverne pratiquée dans le mont de Ben-Venu; elle est entourée d'énormes rochers, et ombragée par des bouleaux et des chênes, production spontanée de la montagne, là même où les rochers sont totalement nus. Un lieu aussi bizarrement situé près du loch Katrine, et dans le voisinage d'un peuple dont tous les penchans sont romantiques, n'est pas resté sans avoir ses divinités locales.

Le nom de Coir-Nan-Uriskin veut dire la caverne de l'homme sauvage; et la tradition attribue à cet *Urisk*, qui lui donne son nom, une forme qui tient à la fois du bouc et de l'homme : et bref, dût le lecteur classique en être encore plus surpris, tous les attributs du satyre grec (1).

Note 15. — Paragraphe XXVII.

Aucun site ne peut être comparé au sublime spectacle qu'offrent les environs de Beal-nam-Bo ou le Passage du bétail.

Note 16. — Paragraphe XXVIII.

Un Chef des montagnes étant aussi absolu dans son autorité patriarcale qu'aucun prince, il avait une nombreuse suite d'officiers attachés à sa personne, des gardes-du-corps, un écuyer, un barde, un orateur, un porte-épée, etc. etc. etc. (*Voyez* les notes de *Waverley*.)

CHANT IV.

Note 1. — Paragraphe IV.

Comme tous les peuples grossiers, les montagnards avaient dif-

(1) Le Dr. Graham, que sir Walter Scott cite souvent, prétend que le poète s'est trompé en assimilant l'Urisk au satyre. — Éd.

férentes manières de consulter l'avenir. Une des plus remarquables, était le *Taghairm*, dont il est question dans le texte. On enveloppait un homme dans la peau d'un taureau nouvellement égorgé, et on le déposait près d'une cascade, au fond d'un précipice, ou dans quelque autre lieu sauvage dont l'aspect ne pût lui inspirer que des pensées d'horreur. Dans cette situation, cet homme devait repasser dans son esprit la question proposée ; et toutes les impressions que lui fournissait son imagination exaltée, passaient pour l'inspiration des habitans imaginaires du lieu où il était exposé.

NOTE 2. — Paragraphe V.

Il y a un rocher nommé *le Bouclier du Héros*, dans la forêt de Glenfinlas ; il a servi de refuge à un proscrit pendant plusieurs années, etc. etc.

NOTE 3. — Paragraphe V.

Tout ce qui avait rapport à la chasse était une chose sérieuse chez nos aïeux ; mais rien n'était plus solennel que le partage du gibier : le garde forestier avait sa portion, les chiens la leur, et les oiseaux eux-mêmes n'étaient pas oubliés. C'est ce que l'on voit dans le roman de Tristrem, ce chevalier sans pareil, si expert dans les règles de la chasse.

NOTE 4. — Paragraphe VI.

La victoire est à celui des deux partis qui le premier fera couler le sang. Cet oracle du Taghairm a été souvent un augure qui a décidé, dans l'imagination des combattans, du succès d'une bataille. Les soldats de Montrose égorgèrent sous ce prétexte un pauvre berger, le matin de la bataille de Tippermoor.

NOTE 5. — Paragraphe XII.

Le conte romantique d'Alix est tiré d'une ballade danoise très-curieuse, publiée dans un recueil de chansons héroïques, en 1591, par Anders Sofrensen.

Note 6. — Paragraphe XIII. — *Stance* 2.

Voyez l'introduction historique en tête de cette édition.

Note 7. — Paragraphe XIII. — *Stance* 2.

On a déjà observé que les fées, sans être positivement malveillantes, sont capricieuses, aisément offensées, et jalouses de leurs droits de *vert* et de *venaison*, comme tous les propriétaires de forêts.

Les nains du Nord, dont les fées participent beaucoup, avaient les mêmes prétentions et les mêmes caprices; leur malice était encore plus rancuneuse.

Note 8. — Paragraphe XIII. — *Stance* 2.

Comme les *hommes de paix* avaient des habits verts, ils étaient très-irrités quand un mortel portait leur couleur favorite.

Note 9. — Paragraphe XIII. — *Stance* 2.

Les esprits enviaient les privilèges de l'initiation chrétienne, et les mortels tombés en leur pouvoir jouissaient d'une distinction avantageuse. Tamlane, dans la vieille ballade (1), décrit lui-même son rang dans le cortège des fées.

« Je marche le premier sur un blanc palefroi; c'est une faveur
« honorable qui est accordée au titre de chevalier chrétien, dont je
« jouissais autrefois. »

Une légende danoise prouve jusqu'à quel point les esprits désiraient donner ce privilège à leur progéniture.

Un chevalier nommé Sigward avait eu une intrigue avec une fée, qui lui fit jurer de procurer le baptême à son enfant. Sigward lui ayant manqué de parole, la fée furieuse le condamna, lui et sa postérité, à une maladie singulière, qui les a affligés jusqu'à la neuvième génération.

Quelque ridicules que semblent ces légendes, elles ont un charme particulier dans la naïveté de l'ancien langage, que nous ne pourrions reproduire, quand même nous n'abrégerions pas.

(1) Voyez dans les *Chants populaires*.

NOTE 9. — Paragraphe xv.

Il n'est rien de plus connu dans l'histoire de la féerie que la nature illusoire et fantastique des plaisirs et de la splendeur des habitans de ces royaumes enchantés.

NOTE 11. — Paragraphe xv. — *Stance* 23.

Les sujets du royaume de féerie étaient recrutés dans les régions terrestres, comme les familles des Bohémiens; mais les esprits volaient et les enfans et les adultes. Plus d'un chevalier qu'on croyait dans sa tombe était devenu un citoyen du pays des fées.

NOTE 12. — Paragraphe xxv.

Nous avouons de bonne foi que nous avons cru impossible de traduire cette ballade de Blanche, qui exprime à la fois le délire de ses pensées et l'avis qu'elle donne au chevalier de Snowdoun. L'espèce de petite fable que nous lui avons substituée est trop suivie pour être mise dans la bouche d'une folle. Nous allons donner la traduction littérale du texte; mais nous doutons qu'on puisse y deviner le charme et l'harmonie bizarre de l'original : du moins on jugera de la difficulté d'une traduction fidèle en vers.

Les filets sont dressés, les pieux sont disposés;
Chantez toujours gaîment, gaîment !
Ils tendent les arcs, et aiguisent les couteaux ;
Les chasseurs vivent si joyeusement !...

C'était un cerf, un cerf dix cors,
Portant ses rameaux fièrement ;
Il descendit avec majesté dans le vallon.
Chantez toujours hardiment, hardiment.

Ce fut là qu'il rencontra une chevrette blessée ;
Elle était blessée mortellement :
Elle l'avertit que les filets étaient tendus.....
Oh ! si fidèlement ! fidèlement !

DU CHANT IV.

Il avait des yeux, et il put voir....
Chantez toujours prudemment, prudemment :
Il avait des pieds, et il put fuir.....
Les chasseurs veillent de si près !

Au lieu de ces lourdes consonnances en *ment*, il n'y a dans le texte que des sons gracieux, comme *Merrily, Warily*, etc. etc.

NOTE 13. — Paragraphe XXX.

Les montagnards écossais avaient jadis une manière si expéditive de préparer la venaison, qu'elle surprit beaucoup le vidame de Chartres, qui, pendant qu'il était en otage en Angleterre, reçut d'Édouard VI la permission de parcourir l'Écosse, et pénétra, selon son expression, *jusqu'au fin fond des sauvages*.

Après une grande partie de chasse, il vit ces *sauvages* d'Écosse dévorer leur gibier tout cru, sans autre préparation que de le presser fortement entre deux bâtons, de manière à en exprimer tout le sang et à rendre la venaison extrêmement dure. Le vidame sut se rendre populaire en ne se montrant pas plus difficile qu'eux.

CHANT V.

NOTE 1. — Paragraphe VI.

Il n'est point dans l'histoire d'Écosse d'époque plus féconde en désordres que celle qui suivit la bataille de Flodden-Field, pendant la minorité de Jacques V.

D'anciennes querelles se renouvelaient comme d'anciennes blessures, et la noblesse indépendante ne cessait de répandre son propre sang. (Voyez l'*Histoire d'Écosse*, par Piscottie.)

NOTE 2. — Paragraphe VII.

Les anciens montagnards vérifiaient dans leurs mœurs ce que dit Gray dans ses vers :

« Les rochers des montagnes nourrissent une race de fer, enno-

« mie du génie plus doux de la plaine; car il faut des membres
« infatigables pour labourer la terre pierreuse et détourner les flots
« impétueux du torrent. Qu'y a-t-il d'extraordinaire si, élevés par
« la patience et la valeur, ils conservent avec audace ce qu'ils ont
« conquis par la force? Qu'y a-t-il d'extraordinaire si, en voyant
« leurs remparts de rochers renfermer dans leur enceinte la pau-
« vreté et la liberté, ils attaquent les habitans les plus riches des
« plaines? » (GRAY, *Fragment sur l'alliance du gouvernement et
de l'éducation*).

Un *creag*, ou une excursion, était si loin d'être regardé comme une expédition honteuse, que l'on attendait toujours d'un jeune Chef qu'il débuterait dans le commandement par une entreprise heureuse de ce genre, soit contre ses voisins, soit contre les habitans des basses terres, appelés Sassenachs ou Saxons.

Les montagnards, très-versés dans l'histoire par tradition, n'oubliaient jamais que les Celtes, leurs ancêtres, avaient jadis possédé toute la contrée, et que toutes les captures qu'ils pouvaient faire dans les plaines étaient un recouvrement légitime. Quant à leurs invasions sur les clans voisins, il y avait toujours des prétextes suffisans pour justifier l'attaque.

NOTE 3. — Paragraphe XI.

Cette générosité de Roderic n'est pas un trait rare dans les annales de nos montagnards; elle n'est pas imaginaire, et je pourrais citer plus d'une anecdote pour en prouver au moins la vraisemblance. Les Écossais, comme la plupart des nations à demi sauvages, étaient en même temps capables d'une grande magnanimité et d'une vengeance terrible et même perfide.

NOTE 4. — Paragraphe XII.

Le torrent qui sort du lac de Vennachar traverse une vaste bruyère appelée Bochastle.

Sur une petite éminence appelée *the dun of Bochastle*, et dans la plaine aussi, on trouve les traces d'un ancien camp qu'on regarde comme romain.

Note 5. — Paragraphe XIII.

Les duellistes des anciens temps ne respectaient pas toujours les règles du point d'honneur sur l'égalité des armes : il est vrai que dans les joûtes d'un tournoi on forçait les combattans à n'avoir, autant que possible, aucun avantage les uns sur les autres ; mais dans les duels particuliers c'était une loi moins rigoureuse.

Note 6. — Paragraphe XV.

Un bouclier rond, recouvert d'un double cuir et garni de plaques d'airain ou de fer, était une partie nécessaire de l'équipement des montagnards : quand ils chargeaient des troupes régulières, ils recevaient sur le bouclier le coup de la baïonnette, qui se tordait en le rencontrant, et ils employaient la claymore contre le soldat culbuté. (Voyez les *Antiquités militaires* du capitaine Grose, t. I, pag. 164.)

Note 7. — Paragraphe XV.

Voyez, au sujet de l'usage de la rapière, le discours de Brantôme sur les duels, et cet ouvrage *si gentiment écrit* sur le même sujet, par le vénérable dom Pâris *de Puteo* (Dupuis).

Note 8. — Paragraphe XVI.

Je n'ai point rendu ce combat singulier aussi terrible que celui qui eut lieu entre le fameux sir Evan de Lochiel et un officier anglais de la garnison d'Inverlochy, aujourd'hui fort William, dans la grande guerre civile. (Voyez les Mémoires du temps.)

Note 9. — Paragraphe XX.

Stirling fut souvent teint du sang le plus noble. Voici l'apostrophe que lui adresse J. Johnston :

> *Discordia tristis*
> *Seu quoties procerum sanguine tinxit humum!*
> *Hoc uno infelix, at felix cætera, nusquàm*
> *Tutior aut cæli frons geniusve soli.*

Le sort de William, huitième comte de Douglas, est connu de tous ceux qui ont lu l'histoire d'Écosse; il fut poignardé dans le château de Stirling, de la propre main de Jacques II, malgré le sauf-conduit royal qu'il avait obtenu.

Murdac, duc d'Albanie, Duncan, comte de Lennox, son beau-père et ses deux fils Walter et Alexandre Stuart, furent exécutés à Stirling en 1425. On les décapita sur une éminence d'où ils pouvaient voir dans le lointain le château-fort de Doune et leurs vastes domaines.

Note 10. — Paragraphe XXI.

Chaque bourg d'Écosse, mais surtout les villes considérables, avaient leurs jeux solennels : on y distribuait des prix à ceux qui excellaient à tirer de l'arc, à la lutte, et dans tous les exercices gymnastiques de cette époque.

Jacques V aimait particulièrement les amusemens populaires, ce qui contribua sans doute à lui faire donner le surnom de roi des communes, ou *rex plebeiorum*, comme Lesly l'appelle en latin.

Note 11. — Paragraphe XXII.

La représentation de Robin Hood et de sa bande était le spectacle favori de ces fêtes populaires. Ces espèces de pièces, dans lesquelles des rois n'avaient pas dédaigné de jouer un rôle, furent prohibées en Écosse par un statut du sixième parlement de la reine Marie. Une émeute sérieuse força les magistrats à renoncer à la répression de ceux qui continuèrent cet amusement. Robin Hood se maintint aussi contre les prédicateurs de la réforme.

Note 12. — Paragraphe XXIII.

Le Douglas du poëme est un personnage imaginaire, oncle supposé du comte d'Angus; mais la conduite que tint le roi avec le laird de Kilspendie, un des Douglas bannis, suivant l'historien Hume de Godscroft, prouve que je n'ai rien exagéré.

« La haine implacable du roi contre les Douglas se montra en-
« core dans la manière dont il accueillit Archibald de Kilspendie,
« qu'il avait tant aimé pendant son enfance, et qu'il appelait alors

« son Gray-Stel (Gray-Stel était un des héros de l'ancienne cheva-
« lerie écossaise). Archibald avait été banni en Angleterre; mais il
« ne put sympathiser avec une nation qui réunit à un orgueil in-
« supportable et à la plus haute opinion d'elle-même le mépris des
« autres peuples.

« Il se hasarda donc de revenir en Écosse, pour essayer de fléchir
« la rancune du roi, et fut se jeter à ses genoux dans le parc de
« Stirling ; mais Jacques le reconnut, et ne fit pas semblant de le
« voir. Archibald se retira désolé : il demanda un verre d'eau à la
« grille; mais on le lui refusa, de peur que le roi ne s'en offensât.
« Le prince le sut, et en fit des reproches aux gens de sa maison,
« ajoutant que, s'il n'avait pas juré qu'aucun Douglas ne le servi-
« rait jamais, Archibald serait rentré en grace, etc , etc. »

(HUME *de Godscroft*)

NOTE 13. — Paragraphe XXIV.

Le prix de la lutte était un bélier et un anneau.

CHANT VI.

NOTE 1. — Paragraphe III.

Les armées écossaises étaient composées de la noblesse et des barons avec leurs vassaux, qui étaient tenus au service militaire.
L'autorité patriarcale des chefs de clans dans les montagnes et sur
les frontières était d'une nature différente, et quelquefois peu d'accord avec les principes de la féodalité; elle était fondée sur la *patria
potestas*, exercée par le Chef, qui représentait le père de toute la
tribu, et à qui on obéissait souvent contre son supérieur féodal.

Il paraît que Jacques V fut le premier qui introduisit dans les armées écossaises une compagnie de mercenaires, qui formaient une
garde pour le roi, et qu'on appelait les *gardes à pied*.

Le poète satirique sir David de Lindsay (ou l'auteur du prologue
de la comédie *The Estates*) a choisi pour un de ses personnages un
certain Finlay. des gardes à pied, qui, après beaucoup de rodo-

montades, est mis en fuite par le fou, qui lui fait peur avec une tête de mouton au bout d'une perche. J'ai donné *à mes soldats* les traits grossiers des mercenaires de ce temps-là, plutôt que ceux de ce Thraso écossais ; ils tenaient beaucoup du caractère des *aventuriers* de Froissart, ou des *condottieri* d'Italie.

Note 2.— Paragraphe v.

Nous allons donner ici une idée de la chanson du soldat, telle qu'elle est dans l'original : peut-être la trouvera-t-on déplacée dans un poëme ; c'est l'opinion de quelques critiques. Cependant elle se chante dans un corps-de-garde ; ce n'est peut-être pas le cas de dire : *Non erat hîc locus.*

« Notre vicaire prêche toujours que Pierre et Paul ont maudit le
« verre plein ; il prétend qu'il n'y a que colère et désespoir dans un
« broc, et que tous les sept péchés mortels sont renfermés dans un
« flacon de vin des Canaries : mais, Barnabé, verse ta liqueur ; bu-
« vons sec ; et au diable le vicaire !

« Notre vicaire dit que c'est se damner que de pomper la rouge
« rosée qui colore la jolie bouche d'une femme : il dit que Béelzébut
« se cache en tapinois sous son fichu, et qu'Apollyon lance des traits
« par son œil noir : mais, Jacques, n'en donne que plus vite un
« baiser à Gillette, jusqu'à ce qu'elle fleurisse comme une rose, et
« au diable le vicaire !

« Notre vicaire ne cesse de prêcher..... Et pourquoi ne prêche-
« rait-il pas ? il reçoit les honoraires de sa cure pour prêcher. C'est
« son devoir de blâmer les laïques qui violent les lois de notre mère
« l'Église. Allons, mes braves, vidons nos brocs, buvons à la tendre
« Madeleine ; et au diable le vicaire ! » — Éd.

Note 3. — Paragraphe vi.

Les jongleurs avaient plusieurs aides pour rendre leurs spectacles aussi attrayans que possible. La *fille de joie* (the glee-maiden) jouait toujours un rôle nécessaire ; c'était elle qui dansait et sautait : aussi la version anglo-saxonne de l'évangile de saint Marc dit qu'Hérodias exécuta des danses devant le roi Hérode. Il paraît que ces pauvres filles ont été, jusqu'à une époque récente, les esclaves de leurs maîtres : voici une pièce qui semble le prouver ; elle est rapportée par Fountainhall.

« Reid le jongleur poursuivait Scott de Harden et sa femme, pour
« lui avoir dérobé une petite fille appelée la sauteuse, qui dansait
« sur son théâtre. Il réclamait des dommages, et il produisit un
« contrat qui certifiait qu'il l'avait achetée à la mère pour trente
« scots (monnaie d'Écosse). Mais nous n'avons point d'esclave : en
« Écosse, les mères ne peuvent vendre leurs enfans. La jeune fille
« risquait de périr dans son métier de sauteuse, d'après les consul-
« tations des médecins, et elle refusait de retourner auprès de son
« maître.

« Supposé qu'elle fût seulement apprentie, on aurait pu citer la
« loi de Moïse, qui dit : — Si un serviteur vient vous demander un
« refuge contre la cruauté de son maître, vous ne le livrerez pas. —
« Les juges, *renitente cancellario*, donnèrent gain de cause à Scott
« de Harden. »

Les grimaces du singe le rendirent bientôt un acteur indispensable dans la troupe ambulante du jongleur. Dans son Introduction à la *Foire de Saint-Barthélemi*, Ben Jonson annonce qu'il n'a dans sa foire ni bateleur ni singe bien élevés comme ceux qui dansent sur la corde, pour le roi d'Angleterre, et s'asseyent sur leur derrière, pour le pape et pour le roi d'Espagne.

NOTE 4. — Paragraphe XIV.

Il y a plusieurs exemples de personnes tellement attachées à des airs particuliers, qu'elles ont demandé à les entendre sur leur lit de mort. C'est ce qu'on raconte d'un certain laird écossais, d'un barde du pays de Galles, etc.

Mais l'exemple le plus curieux est celui que Brantôme nous fournit au sujet d'une fille d'honneur de la cour de France, appelée mademoiselle de Limeuil.

« Durant sa maladie, dont elle trespassa, jamais elle ne cessa :
« ainsi causa toujours ; car elle estoit fort grande parleuse, brocar-
« deuse, et très-bien et fort à propos, et très-belle avec cela.

« Quand l'heure de sa fin fut venue, elle fit venir à soy son valet
« (ainsi que les filles de la cour en ont chacune un), qui s'appeloit
« Julien, et sçavoit très-bien jouer du violon : — Julien, luy dit-

« elle, prenez votre violon, et sonnez-moy toujours, jusqu'à ce que
« vous me voyiez morte (car je m'y en vais), la défaite des Suisses,
« et le mieux que vous pourrez ; et, quand vous serez sur le mot
« *Tout est perdu*, sonnez-le par quatre ou cinq fois le plus piteuse-
« ment que vous pourrez. — Ce que fit l'autre, et elle-même luy
« aidoit de la voix ; et quand ce vint, *Tout est perdu*, elle le réitéra
« par deux fois, et, se tournant de l'autre costé du chevet, elle dit
« à ses compagnes : — Tout est perdu à ce coup, et à bon escient. —
« Et ainsi décéda. Voilà une morte joyeuse et plaisante. Je tiens ce
« conte de deux de ses compagnes, dignes de foy, qui virent jouer
« ce mystère. » (*OEuvres de Brantôme*, III, 507.)

L'air que cette dame choisit pour faire sa sortie de ce monde fut composé sur la défaite des Suisses à Marignan. Le refrain est cité par Panurge dans Rabelais, et se compose de ces mots, qui sont une imitation du jargon des Suisses, avec un mélange de français et d'allemand :

> Tout est velore,
> La tintelore :
> Tout est velore, bi got !

NOTE V. — Paragraphe XV.

Un combat qui eut lieu dans le défilé des Trosachs, sous Cromwell, fut célèbre par le courage d'une héroïne qui m'a fourni le trait de la veuve de Duncan ; elle s'appelait Hélène Stuart.

NOTE 6. — Paragraphe XXVI.

Le chevalier de Snowdoun est le roi d'Écosse. Cette découverte rappellera probablement au lecteur le beau conte arabe d'*il Bondocáni*. Cependant cet incident n'a pas été emprunté aux Mille et une Nuits, mais à la tradition écossaise. Jacques V était un monarque dont les bonnes intentions excusaient les caprices romanesques : il faut même lui savoir gré du surnom de *roi des Communes*, que lui valut l'intérêt qu'il prenait à la classe opprimée de ses sujets.

Afin de voir par lui-même si la justice était régulièrement administrée, mais souvent aussi par des motifs, moins louables, de galanterie, il avait l'habitude de parcourir la contrée sous divers déguisemens. Deux de nos meilleures ballades sont fondées sur le succès de ses aventures amoureuses. Celle qui est intitulée : *Nous n'irons plus errer* (*Weell gae nae mair roving*), est peut-être la meilleure ballade comique de toutes les langues connues.

Une autre aventure, qui faillit coûter la vie à Jacques, eut lieu, dit-on, au village de Cramond, près d'Édimbourg, où il était parvenu à plaire à une jolie fille d'un rang peu élevé. Quatre ou cinq hommes, parens ou amans de sa maîtresse, attaquèrent le monarque déguisé à son retour du rendez-vous. Naturellement brave et d'une rare habileté dans l'art de l'escrime, le roi se posta sur le pont étroit de la rivière d'Almond, et se défendit vaillamment avec son épée.

Un paysan qui battait du blé dans une grange voisine accourut au bruit, et, n'écoutant que sa bravoure naturelle, se rangea du parti le plus faible, et employa si bien son fléau, qu'il dispersa les assaillans, bien battus, c'est le cas de le dire ; il conduisit ensuite le roi dans sa grange, où le prince demanda un bassin et une serviette pour essuyer le sang dont il était couvert. Jacques fit ensuite parler le paysan, pour savoir quel serait le terme de ses désirs ; il apprit que toute son ambition était de posséder en toute propriété la ferme de Brachead, où il n'était qu'un simple journalier. Il se trouva que la terre appartenait à la couronne, et Jacques engagea son libérateur à se rendre au palais d'Holy-Rood, et d'y demander le fermier de Ballanguish, nom sous lequel il était connu dans ses excursions, et qui répondait à celui d'*il Bondocáni*, qu'avait adopté le calife Haroun-al-Réchyd.

Le paysan se présenta au palais suivant son instruction, et ne fut pas peu surpris de voir qu'il avait sauvé la vie du monarque, qui lui remit en pur don la terre de Brachead. Pour toute redevance, il fut tenu, lui et ses héritiers, d'offrir au roi, toutes les fois qu'il passerait sur le pont de Cramond, une aiguière, un bassin et une serviette pour se laver les mains.

Ce paysan est l'ancêtre des Howisons de Brachead, famille respectable qui conserve cette propriété avec la même clause.

Une autre aventure de Jacques est ainsi rapportée par Campbell :

« Jacques, surpris par la nuit dans une partie de chasse, et séparé
« de sa suite, entra dans une chaumière au milieu d'un marais, au
« pied des coteaux d'Ochill. Il fut accueilli parfaitement, quoiqu'il
« ne fût pas connu. Pour régaler son hôte, le fermier voulut que sa

« femme tuât pour le souper la poule perchée le plus près du coq,
« comme celle qui est toujours la plus grasse. Le roi, en partant,
« engagea le fermier à venir le voir quand il viendrait à Stirling,
« et à demander le fermier de Ballanguish. Donaldson, c'était son
« nom, le lui promit, et tint parole. Quand il découvrit qu'il avait
« été l'hôte du roi, il amusa toute la cour par sa surprise, et fut tou-
« jours désigné depuis sous le nom de roi des Marais, par Jacques
« lui-même. Ce titre a passé jusqu'à son dernier descendant, que
« M. Erskine de Mar vient de renvoyer de sa ferme, parce que Sa
« Majesté, indolente au dernier point, refusait d'imiter les inno-
« vations que les progrès de l'agriculture ont indiquées de nos
« jours. »

Les lecteurs de l'Arioste accueilleront avec plaisir le roi Jacques tel que la tradition nous le représente ; car il est généralement regardé comme le prototype de Zerbin, le héros le plus intéressant du Roland furieux.

Note 6. — Paragraphe XXVIII.

William de Worcester, qui écrivait au milieu du quinzième siècle, appelle Stirling le château Snowdoun.

Comme on l'a vu dans la note précédente, le véritable nom que prenait Jacques dans ses excursions était celui du fermier de Ballanguish (1) ; j'ai préféré y substituer celui de chevalier de Snowdoun, comme plus propre à la poésie, et parce que l'autre aurait annoncé trop tôt le dénouement à plusieurs de mes compatriotes qui sont familiers avec toutes les traditions que je viens de citer.

(1) *Ballanguish* est le nom d'un sentier escarpé qui conduit au château de Stirling.

FIN DES NOTES DE LA DAME DU LAC.

HAROLD

L'INDOMPTABLE.

POEME EN SIX CHANTS.

(Harold the Dauntless.)

HAROLD

L'INDOMPTABLE.

INTRODUCTION.

Il est un malaise de l'ame que nous avons tous éprouvé pendant une longue soirée ou un jour sombre et pluvieux. Nos esprits engourdis perdent leur enjouement, rien ne peut hâter la marche lente des heures. Les rayons brillans de l'imagination s'obscurcissent, et la sagesse veut en vain nous offrir sa lumière; le plus riant tableau nous paraît sans couleur, et la plus douce musique sans mélodie. Nous n'osons pas cependant nous plaindre de l'invisible poids qui nous accable..... Quelle sympathie trouverait celui qui ne peut dire ce qui cause sa peine ?

Le joyeux chasseur éprouve cette tristesse, lorsque les nuages d'automne se fondent en torrens, et si un temps contraire l'empêche d'aller tuer la bécasse. Elle est aussi bien connue du pêcheur, qui espère en vain qu'une douce pluie d'été viendra bientôt terminer la sécheresse. Mais que vous êtes à plaindre, surtout, jeunes beautés boudeuses, à qui un père sévère ou une tante plus rigide encore, défendent d'aller au bal, ou à un spectacle curieux, pendant que toutes vos amies préparent près de vous leurs parures éblouissantes.

Ennui! ou Spleen, comme t'appelaient nos pères! combien d'inventions ingénieuses nous te devons : les cartes, l'ivoire roulant du billard, les dés bruyans, et l'art du tour. Tu peux réclamer encore maints jeux savans et autres bagatelles sérieuses, et peut-être cette machine pneumatique, terreur des grenouilles et des rats. (Que de meurtres déguisés sous un nom philosophique)!

Quel poète pourrait compter tous les livres compilés pour attirer tes regards indifférens! Que de pièces de théâtre, de poëmes, de romans, qu'on n'a jamais lus qu'une fois!... Mais je ne mets point de ce nombre le conte auquel l'aimable Edgeworth a donné ton nom, et qui est ton antidote..... j'en excepte aussi les vers de Thomson, ce rêve poétique dans lequel il célébra l'indolence. Puissent mes chants être un jour admis parmi ces heureuses inspirations de la muse (1).

Chacun a son refuge préféré, quand l'ennui l'assiège; pour moi, j'aime à entretenir mon feu poétique, en li-

---

(1) Allusion à *l'Ennui*, par miss Edgeworth, et au *Palais de l'Indolence*, par Thomson. — Éd.

sant par oisiveté une nouvelle chevaleresque. Je m'étends avec nonchalance sur mon sopha, jusqu'à ce que la lampe qui m'éclaire s'obscurcisse, et qu'un sommeil douteux vienne suppléer au reste de l'histoire ; alors d'antiques paladins et de farouches géans, de tendres damoiselles et des nains farfadets, m'apparaissent en long cortège, et le conte du romancier devient le songe du lecteur.

C'est ainsi que je parviendrais à supporter partout la maladie de l'ennui. Serais-je condamné comme le Paridel de Pope, à demeurer sur un fauteuil trop mou, je saurais trouver pour tromper le temps un charme irrésistible dans les vieux romans de la chevalerie errante, dans les légendes des nécromanciens et des fées, ou dans ces histoires orientales qui nous entretiennent des bons et des mauvais génies, de talismans et de rochers avec des ailes. Oui, voilà ce qui occupe mes loisirs ; je l'avoue, et je permets au goût de s'en indigner, et à la sage raison de se moquer de moi.

Souvent aussi, dans de semblables momens, des rimes que je ne cherche point viendront s'aligner d'elles-mêmes, et composer un récit romantique, brûlé plus tard sans regret, lorsqu'une occupation plus grave m'appelle. En voici un qui a survécu, et je puis dire fièrement qu'il ne demande pas le sourire de la critique, mais qu'il ne craint pas son regard dédaigneux. Mon conte peut bien servir à faire passer une heure : tout ce que mon livre demande, c'est que l'ennui daigne sourire en bâillant, quand il en sera à la dernière page.

HAROLD
L'INDOMPTABLE.

CHANT PREMIER.

I.

Le comte Witikind était d'une race royale, et conduisait une armée de guerriers danois. Malheur aux royaumes où il abordait! A sa voix, des flots de sang inondaient la terre. Les jeunes filles étaient enlevées et les prêtres égorgés; les corbeaux et les loups venaient en foule se disputer les restes des cadavres. Quand il déployait son étendard noir, la guerre précédait ses pas, les ruines marquaient son passage, et l'incendie des temples servait à guider les Danois jusque dans leurs vaisseaux.

II.

Le nom de Witikind était connu sur les rivages d'Irlande; les vents de la France avaient souvent déroulé ses bannières, et l'Écosse les avait aussi vues flotter sur ses arides montagnes. Mais c'était surtout vers les côtes d'Angleterre qu'il trouvait un riche butin. Il avait tellement multiplié ses ravages, que si les insulaires apercevaient dans le lointain une voile inconnue, les clairons guerriers appelaient aux armes, les citoyens se hâtaient de fortifier leurs remparts, et les villageois fuyaient leurs sillons pour éviter la rage des pirates. Des signaux étaient allumés sur toutes les hauteurs; le beffroi faisait retentir le son d'alarme, pendant que les moines épouvantés se mettaient en prières, et chantaient :—Préservez-nous, Vierge du ciel, des torrens et de l'incendie, de la peste, de la famine, et de la colère du comte Witikind.

III.

La riche Angleterre avait pour lui tant d'attraits, qu'il résolut d'en faire sa seconde patrie; il entra dans le Humber, et débarqua avec tous ses Danois. Trois comtes vaillans vinrent le combattre; les deux premiers furent ses prisonniers, le troisième resta sur le champ de bataille. Witikind abandonna les rives du Humber, et porta ses ravages dans le Northumberland. Le roi saxon, blanchi par la vieillesse, était faible dans les combats, mais sage dans les conseils. Il préféra obtenir la paix de ce païen si terrible, en lui envoyant des présens, et il acheta le repos de ses sujets. Le comte consentit à prendre le titre de vassal du sceptre d'Angleterre.

IV.

Le temps rouille l'épée la mieux aiguisée; le temps use le câble le plus fort; il ne respecte pas davantage la vigueur des mortels. Parmi les Danois venus dans la Grande-Bretagne, sous les ordres de Witikind, les uns étaient d'un âge avancé, les autres n'étaient plus; le comte lui-même commençait à trouver son armure trop pesante; les rides sillonnaient son front, et ses cheveux blanchirent. Il eut besoin de chercher l'appui d'un bâton ou un coursier docile. Avec sa force il perdit sa férocité; il fit sa paix avec les prélats et les prêtres, et, baissant humblement la tête devant eux, il écouta leurs conseils avec patience. L'évêque de Saint-Cuthbert était un saint personnage qui ne donnait que de sages avis.

V.

—Vous avez égorgé et pillé, lui disait-il; il est temps d'effacer les souillures de votre ame. Vous avez immolé des prêtres et brûlé des églises; il est temps de penser au repentir. Vous avez adoré les démons; il est temps de quitter les ténèbres pour la lumière. Puisque quelques années de vie vous sont accordées encore, tournez votre espoir vers le ciel.

Le vieux païen leva la tête, et répondit au prélat en le regardant fixement:—Donne-moi les domaines situés sur les rives de la Tyne et du Wear, et je quitterai ma croyance pour la tienne.

VI.

L'évêque lui accorda tout ce qu'il demandait, à condition qu'il en ferait hommage à l'Église. Le comte Witikind y consentit, plus joyeux d'acquérir de nouvelles terres que de changer de religion. L'antique église de Durham fut préparée pour le recevoir; le clergé s'assembla avec solennité ; le comte arriva couvert d'une peau d'ours, et appuyé sur le bras de sa concubine Hilda. Fléchissant le genou devant la châsse de saint Cuthbert, il assista patiemment à des cérémonies inconnues, abjura ses idoles, et reçut sur la tête l'onde mystique de la grace. Mais le regard de ce prosélyte en cheveux blancs avait quelque chose de si féroce, que le prêtre qui le baptisa pâlit, et ne put s'empêcher de frémir. Les vieux moines marmottèrent sous leurs capuchons : — « Une souche si sauvage pourra-t-elle jamais produire un heureux rejeton ? »

VII.

Quand la cérémonie fut terminée, Witikind se rendit à son château, sur les bords de la Tyne. Le prélat l'y suivit pour lui faire honneur. Les bannières flottaient dans les airs ; les moines les précédaient à cheval, et derrière eux venaient des hommes armés de lances. Bientôt le cortège défile dans la vallée ; à la porte de la forteresse était le jeune Harold, fils unique et héritier du comte.

VIII.

Le jeune Harold était déjà redoutable par son audace, sa force et son caractère irascible. Son aspect était dur et sauvage ; il ne portait ni collier ni bracelet d'or ; et ce jour de fête ne le vit point revêtir un riche vêtement. Sa tête était découverte, et ses sandales délacées ; les boucles de ses noirs cheveux pendaient sur son front, et laissaient seulement entrevoir ses regards menaçans ; sa main était armée d'une massue danoise, dont les pointes étaient souillées d'un sang qui fumait encore. A quelques pas derrière lui on apercevait une louve et ses deux louveteaux qu'il avait tués ce matin même à la

CHANT PREMIER.

chasse. Il ne fit qu'un brusque salut à son père, et aucun à l'évêque.

IX.

—Est-ce bien toi, dit-il, qui te laisses conduire par des prêtres; est-ce bien toi que cet hypocrite regard et ce front humilié rendent semblable au jeune novice qui médite déjà de violer ses vœux? Est-ce bien là ce Witikind-le-Terrible, le fils du roi Éric, l'époux de la fière Gunhilda, qui conquit sa fiancée avec le glaive et la hache? Es-tu bien encore ce guerrier qui ravit le calice de saint Pierre, et le convertit en bracelets consacrés à Freya et à Thor? Est-ce bien toi qui, devant l'autel d'Odin, écrasas d'un coup de ton gantelet la tête d'un buffle sauvage? Tu suivais alors les rites des dieux de la guerre, et tu les honorais par les exploits des braves et des forts. Aujourd'hui, vieillard sans énergie, iras-tu avouer tes crimes à un moine tonsuré, changer ta cuirasse contre la haire, et te condamner toi-même au jeûne et au fouet, comme un vil esclave? Ou, admis dans un cloître, asile de l'indolence, voudras-tu t'énerver entre un prêtre et une courtisane? Honte éternelle au fils d'Éric! Les harpes de tous nos scaldes flétriront ta gloire, et Harold te refusera le nom de père.

X.

Le comte Witikind écume de fureur:—Écoute-moi, Harold, fils endurci, s'écria-t-il; seras-tu toujours plus téméraire et plus arrogant? Je t'ordonne de renoncer à des outrages insensés. Crains mon courroux et garde le silence. J'acquitte la dette légitime du repentir; l'Église m'accorde une riche récompense, et je prouverai par mon épée la vérité de ses dogmes. Je ne dois compte de mes actions à personne, et encore moins à mon fils.

Mais pourquoi te parlé-je de repentir et de vérité, à toi qui, depuis ton berceau, n'as connu ni la pitié ni la raison? Fuis loin de ces lieux; va trouver le tigre et l'ours dans leurs cavernes : voilà les compagnons dignes de toi.

XI.

Harold sourit avec férocité, et reprit froidement:— Nous devons honorer nos pères et les craindre..... Pour moi, je suis ce que m'ont fait tes leçons; mon berceau fut ton bouclier; mon premier jouet fut ton glaive. Enfant, on m'apprit à frapper des mains et à pousser des cris de triomphe lorsque la flamme embrasait les châteaux. On me faisait tremper les mains dans le sang d'un ennemi vaincu, et ce sang servait de fard à mon visage. C'est toi qui n'as jamais connu la vérité, toi qui vends dans ta vieillesse le culte de tes ancêtres. Lorsque cette louve — et il lança le cadavre sanglant dans la plaine, — lorsque cette louve, revenue à la vie, offrira encore ses mamelles à ses nourrissons, Harold reverra le visage de son père!..... Jusqu'alors, ancien idolâtre et nouveau chrétien, adieu!

XII.

Prêtres, moines et prélat, tous restèrent immobiles de terreur, et laissèrent passer au milieu d'eux le jeune païen. Il renversa un porte-croix de dessus son cheval, et s'élança sur la selle. On poussa un cri de douleur lorsqu'on vit le signe du salut tomber à terre. Le vieux comte tira son épée du fourreau : mais le prélat, plus calme, lui arrêta le bras. — Laissez-le s'éloigner, dit-il; le ciel connaît son heure..... Mais il faudra qu'il donne des preuves de repentir, qu'il prie et qu'il verse des larmes amères, avant de posséder aucun domaine sur les rives de la Tyne et du Wear. C'est ainsi que le jeune Harold l'indomptable, fils du comte Witikind, dit adieu à son père.

XIII.

Un repas splendide réunit les prêtres et les soldats, les païens et les chrétiens. Le sage prélat tolère lui-même un scandale qu'il espère détruire avec le temps. Il eût été dangereux, selon lui, de parler de sobriété à un Danois qui n'était encore chrétien qu'à demi. L'hydromel et l'orge fermenté coulent à grands flots. On chante, on crie, on mêle le *Kyrie eleison* aux chants guerriers du Danemarck et de la Norwège. Enfin, s'étant mutuellement lassés, les convives s'étendent sur des nattes de jonc. A la bruyante gaieté succède le calme du sommeil; mais un orage semble déclarer la guerre au château.

XIV.

Dans une tour solitaire était Gunnar aux blonds cheveux, fils de la vieille Ermengarde. Harold l'avait choisi pour son page; car Ermengarde avait pris soin de son enfance. Le jeune Gunnar se désolait en pensant que son maître n'allait avoir dans l'exil ni ami ni asile! Il entend les roulemens de la foudre et le bruit de la pluie. — Hélas! dit le page, Harold erre au milieu des ténèbres, exposé à toute la rage des élémens! Harold est dur et sauvage; mais il m'aimait cependant, parce que j'étais le fils d'Ermengarde; et j'ai souvent suivi mon maître à la chasse, depuis l'aurore jusqu'à la nuit, sans en recevoir une seule réprimande. Que n'ai-je quelques années de plus! Je quitterais bientôt les rives de la Tyne; car, avant de rendre le dernier soupir, ma mère m'ordonna de ne jamais abandonner son nourrisson.

XV.

— Il pleut, l'éclair luit, la foudre éclate, comme si Lok, le dieu du mal, avait brisé sa chaîne. Maudit par l'Église et chassé par son père, Harold ne doit pas espérer que ni chrétien ni païen lui donne un refuge. Quel mortel peut affronter une si terrible tempête? Sans guide, sans manteau, Harold va périr dans quelque marécage!... Quelque chose qui puisse arriver à Gunnar, il ne restera point ici. Il s'arrache de sa couche, et saisissant sa lance, il descend dans la salle du festin. Le bruit de ses pas ne réveille aucun des convives, qui semblent tous dormir du sommeil profond de la mort. — Ingrats et lâches, dit le page indigné, vous oubliez le héros du Danemarck. Pour vous, moines indolens qui vivez dans l'abondance, vous allez céder à Gunnar de l'or et un cheval.

XVI.

Se souciant fort peu des malédictions de l'Église, Gunnar s'empare de la bourse du prieur de Jorval. Le lendemain matin, l'abbé de Saint-Ménehat cherchera vainement son manteau enrichi de fourrures, et le vieux sénéchal sera surpris de ne plus trouver ses clefs.

Le page s'est rendu à l'écurie, et, sautant sur le palefroi de l'évêque, il laisse derrière lui le château et le village, pour joindre le fils de Witikind. Le coursier ne galope qu'à regret par un tel orage, lui qui n'était pas accoutumé à braver la rigueur du temps. Ses hennissemens parviennent aux oreilles d'un autre coursier qui était attaché à un arbre. Celui-ci hennit aussi pour lui répondre, et la flamme d'un éclair montre à Gunnar Harold étendu sur le gazon.

XVII.

Il se relève soudain, et s'écrie d'une voix tonnante : — Arrête! En même temps sa terrible main s'est armée de sa massue. Le fils d'Ermengarde se nomme, lui déclare son projet, lui montre le palefroi, et lui offre la bourse du prieur. — Retourne au château, retourne, téméraire, lui répond Harold. Tu ne peux partager ni mes plaisirs ni mes chagrins. Ne t'ai-je pas vu pleurer la mort d'un oiseau? Pourrais-tu fixer ton pied sur la tête d'un ennemi expirant, affronter les dieux, les démons, et les mortels plus abhorrés encore? Risquer à chaque instant sa vie, aimer le sang et le carnage, voilà les qualités que j'exige de mon écuyer..... Tu vois bien que tu ne pourrais jamais l'être. Adieu donc.

XVIII.

Le jeune Gunnar frémit comme le feuillage du tremble, en entendant cette voix farouche, et en voyant ce sombre regard; il fut sur le point de se repentir de son serment. Mais il était trop tard pour revenir sur ses pas; il craignait la honte, et il aimait son maître. Il le supplia de se laisser fléchir. — Hélas! dit-il, si mon bras est trop faible, si tu te défies de mon courage, permets-moi de te suivre pour l'amour d'Ermengarde. Peux-tu croire que Gunnar te trahisse jamais par la crainte du trépas? N'ai-je pas risqué ma vie pour t'apporter cet or et ce manteau? Et d'ailleurs, quel sort m'attend auprès de Witikind? M'exposeras-tu à la vengeance des prêtres et à la colère de ton père? Irai-je finir honteusement mes jours dans un cachot?

XIX.

Le regard d'Harold s'adoucit, et il détourna la tête en essuyant ses yeux, soit qu'une larme eût mouillé sa paupière, soit que ce fût une goutte de pluie. — Tu es donc proscrit? dit-il à Gunnar. A ce titre tu peux être mon page!

Dirai-je tous les climats qu'ils parcoururent ensemble, toutes les aventures qu'ils rencontrèrent, et leurs nombreux combats. Quelquefois seul, quelquefois à la tête de quelques braves, Harold était toujours vainqueur. On disait que son regard brillait d'une lumière surnaturelle. Sa force extraordinaire, son humeur sombre et farouche qui lui faisait préférer au séjour des villes un lit de gazon et un abri de feuillage, ses exploits inouïs et son intrépidité, semblaient appartenir à un mauvais génie, et l'on répétait tout bas que Harold, fils de Witikind, était un démon échappé de l'enfer.

XX.

Les années ont succédé aux années. Le vieux prélat est enseveli dans un cercueil de plomb. On montre, dans la chapelle, le marbre qui le représente avec sa crosse et son scapulaire, les mains jointes, et comme suppliant le ciel. La mitre de saint Cuthbert a passé sur le front du fier Aldingar. Désireux d'étendre les droits de son siège, il emploie la ruse ou la force pour soumettre les rebelles.

Aldingar a revêtu ses habits pontificaux, et le chapitre de Durham s'est rassemblé par ses ordres.

— Mes frères, dit l'orgueilleux prélat, je vous annonce la mort de notre vassal le comte Witikind. Il a légué tous ses biens et tous ses trésors à l'Église, et fondé une sainte congrégation où l'on priera pour le repos de son ame. Son fils Harold mène une vie errante; craint des hommes et abhorré du ciel, un tel héritier ne peut posséder les terres de son père sur la Tyne et le Wear. La sainte Église les réclame et s'en empare.

XXI.

Le vieux chanoine Eustace répondit : — Harold est d'une audace et d'une intrépidité sans égales. La renommée a porté jusqu'à nous son nom redoutable. La mort a été le partage de quiconque a osé le braver. Laissons-lui l'héritage de son père ; le ciel pourra un jour changer son cœur ; mais, si nous le condamnons à vivre dépouillé de tout......, le désespoir est un mauvais conseiller..... Eustace fut interrompu par le murmure de ses frères ; le prélat fronça le sourcil en le regardant, et il fut décidé d'une voix unanime que l'Église reprendrait les terres de Saint-Cuthbert.

FIN DU CHANT PREMIER.

HAROLD
L'INDOMPTABLE.

CHANT SECOND.

I.

Qu'il est doux, dit une vieille ballade, d'errer dans le bocage au joli mois de mai, quand les oiseaux vous y invitent par leurs concerts mélodieux. Le frêne porte avec grace son aigrette aérienne, le bouleau se pare de ses feuilles argentées, et le sombre chêne les domine fièrement comme une tour superbe : en vain mille branches s'entrelacent, les rayons du soleil percent ce dôme de verdure, colorent le feuillage d'une teinte plus vive, et ajoutent encore à l'éclat de la fleur nouvelle. Que je plains le mortel qui dédaigne l'asile des bois quand le chevreuil et le cerf timide y cherchent un abri contre les feux du jour !

II.

La saison de l'automne a moins de charmes peut-être; elle vient trop tôt flétrir le gazon et dépouiller l'arbre de sa verdure. Un morne silence règne dans la forêt : il n'est interrompu que par le chant plaintif du rouge-gorge, la chute monotone des feuilles desséchées, ou les aboiemens lointains du limier qu'appelle le chasseur; mais j'aime encore les bois solitaires, soit que le soleil y brille dans toute sa splendeur et nuance les troncs dépouillés des arbres, soit que la gelée blanche se convertisse en vapeurs et entoure la forêt comme le voile d'une jeune veuve qui ne cache qu'à demi, sous la gaze légère, les traits pâles de la beauté affligée.

III.

La belle Metelill habitait le bois de Durham; son père violait toutes les lois de la chasse, et vivait de l'arc et du carquois. Les flèches de Wulfstane ravageaient impunément les plaines et les coteaux de la Tyne, la vallée de Weardale, les bois de Stanhope et les rives de Ganless; mais Jutta de Roukhope était encore plus redoutée que son époux par sa réputation de magicienne. On tremblait quand ses yeux s'enflammaient de colère, on tremblait davantage encore quand elle vous adressait son amer sourire. Malheur à celui qui était l'objet de ses ressentimens : les traits de Wulfstane étaient moins prompts et moins funestes que ses regards irrités !

IV.

Cependant, ainsi l'avait voulu le ciel, ce couple odieux avait une fille ravissante de beauté. Jamais fiancée plus belle ne fut admise dans la couche d'un prince; jamais, peut-être, l'île de la Grande-Bretagne n'a vu depuis des charmes aussi divins.

La douce Metelill ignorait l'imposture et le crime. Simple et innocente, ses seules armes, ses seuls enchantemens, c'étaient la fossette arrondie de son sourire, sa pudique rougeur et ses yeux de jais : elle était si jeune et si naïve, qu'elle avait peine à renoncer aux jeux de l'enfance, et qu'elle aimait encore secrètement à errer sous le feuillage pour y tresser des guirlandes, et orner de fleurs les boucles de ses noirs cheveux. Cependant ce cœur si ingénu éprouvait déjà le premier sentiment de l'amour ! Ah pauvre fille ! prends bien garde ! ce dieu qui s'est introduit dans ton sein n'est encore qu'un hôte bienveillant, et ne fait qu'ajouter au charme délicieux et perfide, aux émotions paisibles de ton cœur ; mais bientôt, tyran jaloux, il voudra régner seul.

V.

Un matin la jeune fille porta dans le bois ses pas errans, et s'assit auprès d'une fontaine pour former un collier avec les baies rouges de l'églantier. Semblable à l'alouette qui salue l'aurore par ses chants joyeux, Metelill fit entendre ce lai villageois.

VI.

> Lord William est né dans un château,
> Il attend un riche héritage !
> Eh bien ! milord préfère le hameau
> Et des bois le discret ombrage.
> Dans les cités pour séduire les cœurs
> La Beauté cherche la parure ;
> Eh bien ! milord aime les fleurs,
> Que je mêle à ma chevelure.

De Saint-Cuthbert le piéux pèlerin
    Humblement baise son rosaire ;
Je puis prétendre à cet honneur divin ,
    Et je ne suis qu'une bergère.
Lorsque ma main forme un collier charmant
    Des fruits de l'églantier sauvage ;
Milord survient , le baise tendrement ,
    Mais je rougis de cet hommage.

Sermens d'amour furent toujours trompeurs ,
    Répète souvent ma nourrice ;
Ma mère aussi dit que jeunes seigneurs
    Trompent la bergère novice.
Mais ces avis ne sont pas faits pour moi ,
    J'ai fait choix d'un amant fidèle ;
Jamais milord ne trahira sa foi ,
    Il m'aime d'amour éternelle.

VII.

Tout à coup elle s'arrête et tressaille, en sentant un antelet de fer posé sur son bras tremblant ; elle tourne la tête, et voit avec terreur un chevalier armé de pied en cap : son casque et son écu sont usés, son justaucorps tombe en lambeaux ; il semble un de ces géans dont les crimes lassèrent jadis la patience du ciel. Sa voix, qu'il cherche à radoucir pour exprimer sa satisfaction, est encore terrible. — Jeune fille, dit-il, continue ta ballade ; n'aie point de peur..... je t'écoute avec plaisir.

VIII.

Surprise à l'aspect de cet inconnu, tout ce que la jeune fille put faire , ce fut de tomber à genoux et de croiser les mains. — Pardonne, dit-elle en hésitant, pardonne les terreurs d'une pauvre bergère, si tu es un mortel ; mais si les histoires qu'on fait sont véritables, si tu es le guerrier de la forêt qui viens me punir d'oser faire entendre ma voix sous cet ombrage, ma mère Jutta connaît les secrets magiques qui fléchissent les mauvais génies, permets que ses charmes tout-puissans te demandent ma grace; cesse de m'arrêter, je t'en supplie.

Le chevalier sourit sous son casque; puis, relevant sa visière, il fit voir son visage à la jeune fille, et s'efforça de donner à son regard toute la douceur qu'il pouvait exprimer : tel est le calme des nuits d'automne quand la voix de l'orage s'est tue; mais les pêcheurs prudens qui contemplent encore les nuages et l'horizon obscurci, conduisent leurs barques dans la baie voisine.

IX.

— Jeune fille, dit le guerrier, sois discrète, et daigne m'écouter : j'ai long-temps erré dans des contrées lointaines, et je viens enfin chercher un asile dans ma terre natale; mais je cherche aussi une compagne; je veux qu'elle soit douce, tendre et simple. Les filles des grands n'ont aucun attrait pour moi. Je suis d'un caractère un peu sauvage, je sens dans mes veines le feu du sang royal, et je ne crois pas qu'il me convienne de m'unir à une de mes égales. Puisque les vierges timides disent que mes traits sont farouches, et mon aspect sans grace, pour avoir une belle postérité, que la fiancée de mon choix ait la beauté en partage.... Tu me plais, c'est la première fois que je puis arrêter mes yeux sur un front où se peint la terreur; ce sein qui palpite, cette larme qui mouille ta paupière ajoutent encore à tes appas... Accorde-moi un baiser... Allons, jeune fille, pourquoi trembler ?... Maintenant, va trouver tes parens dans leur chaumière, et dis-leur qu'un fiancé ira bientôt te parler de son amour et leur demander ta main.

X.

La jeune fille courut bien vite au toit paternel, comme un lièvre timide qui s'échappe des griffes d'un lévrier ; mais elle n'osa pas confier ce secret et son aventure, craignant les reproches de son père, qui lui défendait souvent d'aller s'égarer dans l'épaisseur de la forêt. La nuit vint, la vieille Jutta s'assit auprès de son rouet, et Wulfstane se mit à réparer son arc et ses flèches à la lueur incertaine de la lampe. Soudain ses chiens de chasse se réveillent en sursaut ; un bras puissant ébranle la cabane, Wulfstane saisit ses armes ; la porte s'ouvre, un farouche guerrier s'avance à grands pas.

XI.

— Que la paix soit avec vous ! dit-il. Quoi ! personne ne répond ; cessez d'être surpris et d'avoir peur. C'est moi !... Cette jeune fille a dû m'annoncer... Peut-être n'a-t-elle pas osé le faire... N'importe... C'est moi qui demande la belle Metelill en mariage. Je suis Harold l'indomptable, dont le nom est l'orgueil des braves et la honte des lâches.

Le père et la mère s'interrogent mutuellement par des regards qui expriment la terreur et la colère. Wulfstane, toujours prêt à guerroyer, commençait à mesurer de l'œil la taille de l'étranger, mais son courage l'abandonna soudain quand il comprit que le combat serait inégal. Les regards de Jutta disent assez avec quelles funestes malédictions elle prononce tout bas le nom d'Harold ; mais elles sont impuissantes sur le fils de Witikind, et la sorcière n'ose plus le regarder qu'avec l'air égaré de la surprise.

CHANT SECOND.

XII.

Bientôt la vieille eut recours à la ruse, arme naturelle des femmes, et répondit avec douceur au chevalier, que sa fille était trop jeune encore. Harold reprit que c'était là l'excuse d'une vierge timide. — L'héritier d'un riche baron, ajouta-t-elle, prétend avoir touché son cœur. Dites-lui tout bas que c'est Harold qui est son rival. Jutta crut alors prudent de demander un délai : — Que le chevalier, dit-elle, daigne attendre jusqu'à demain matin, il est nuit!... le seigneur Harold honorera ses hôtes, s'il consent à dormir sous leur toit. Elle espérait bien, si Harold acceptait, que ce serait son dernier sommeil. — Je refuse pour cette nuit, répondit Harold, mais je reviendrai bientôt pour ne plus vous quitter. A ces mots il franchit d'un pas gigantesque le seuil de la porte, et disparait dans l'obscurité.

XIII.

Étourdis un moment de cette visite inattendue, Wulfstane et Jutta passèrent bientôt de la crainte à la colère, et leurs reproches tombèrent d'abord sur la pauvre Metelill : — Ne lui avait-on pas défendu cent fois d'aller errer dans la forêt! C'est vous, lui dit-on, qui êtes la cause du malheur qui nous menace ; retirez-vous, allez penser un peu à la sagesse et au repentir. Metelill obéit, et baigna bientôt sa couche de ces larmes que l'absence fait verser aux amans ; ou, si elle put enfin se livrer au sommeil, l'hommage du farouche Harold la poursuivit dans ses songes.

XIV.

A peine était-elle partie, que son père et sa mère tournèrent leur mauvaise humeur l'un contre l'autre. — Tu passes pour un chasseur hardi, s'écria Jutta, et tu as pu endurer une telle insulte! — L'homme déclare la guerre à l'homme, répondit Wulfstane, il faut être sorcière pour attaquer les démons. Le sombre regard d'Harold, sa taille et sa force, n'appartiennent pas à un simple mortel... mais toi, qu'est devenue la promesse que tu m'avais faite? Le lord William, le riche héritier du baron Ulrick devait être l'époux de Metelill. Tous les secrets dont tu es si fière ne servent-ils donc qu'à faire mourir la chèvre d'un paysan, ou à inonder ses semailles par les pluies d'automne. Ne sais-tu que te trainer dans les marécages, ou troubler le sommeil d'un pauvre berger? Est-ce là tout ce qui te vaut le nom de sorcière; ce nom qui heureusement te livrera un jour aux charbons ardens de l'enfer? Ne serait-ce pas le moment d'employer tes maléfices? Mais je vois que tu auras besoin que cette flèche aiguë se charge de ta vengeance.

XV.

Jutta répondit en fronçant le sourcil : — Je ne chercherai point à combattre ta folie ou ta rage. Mais, avant que le soleil de demain soit couché, tu verras, Wulfstane, si je sais me venger. Crois-moi, malgré ton arc et ton adresse que j'ai moi-même invoqués dans un premier moment de colère, ce n'est pas la destinée d'Harold de périr comme le cerf de la forêt. Mais Harold, toi-même, et cette lune qui pâlira avant de disparaître derrière la colline; oui, la lune, Harold et toi-même, vous connaîtrez tout le pouvoir de mes enchantemens.

En répétant cette menace, elle se dirige du côté de la porte, et laisse Wulfstane apaiser ou nourrir seul son ressentiment.

CHANT SECOND.

XVI.

Jutta poursuit sa marche avec tant de rapidité qu'elle semble avoir oublié sa vieillesse. Elle rencontre un moine sur son passage; il se retire à l'écart, et se signe d'une main tremblante. Elle traverse un hameau, les dogues cessent d'aboyer, et témoignent par leurs gémissemens l'horreur qu'inspire sa présence. Elle s'enfonce dans la forêt; un bruit étrange annonce au loin son approche, c'est le renard qui glapit, et le courlis qui fait entendre son cri plaintif dans la fondrière; le corbeau croasse sur la cime du chêne, dont le feuillage incliné ombrage le torrent écumeux; et le chat-pard qui cherche sa proie, a pris soudain la fuite. Jutta gravit la roche escarpée, et invoque une divinité du paganisme.

XVII.

INVOCATION.

— O toi qui, assis sur ton trône de rocher, vois l'Esthonien et le Finlandais, fidèles à ton culte, aiguiser leurs glaives vengeurs destinés à inonder tes autels du sang odieux des chrétiens, écoute-moi, divinité des montagnes, écoute-moi, puissant Zernebock.

— Roi des forêts, tes merveilles ont étonné jadis cette roche aride; mille tribus y ont chanté tes louanges, et sur cette pierre où les druides ont gravé des caractères mystérieux, le sang des victimes a coulé par torrens! aujourd'hui, c'est une femme seule qui vient y répandre quelques gouttes du sien. Elle est la dernière et la plus faible de tes prêtresses; écoute-la, Zernebock, et sois docile à sa voix.

— Silence? il vient..... le vent glacé de la nuit gémit dans le ravin. La lune s'obscurcit, et s'entoure de nuages; mes cheveux hérissés, le frisson qui me saisit, annoncent que le dieu approche..... ceux qui oseront le regarder seront frappés de mort... arrête! je tombe à genoux, et je me couvre d'un voile : ô toi qui planes sur la tempête, toi qui ébranles la colline et brises le chêne, Zernebock, épargne-moi.

— Mais non, il ne vient pas encore! ce retard, cette indifférence sont donc le prix de mon zèle. O toi... t'appellerai-je dieu ou démon? que d'autres cherchent à te rendre propice par leurs humbles prières; moi je t'appelle par des conjurations magiques. Je prononcerai ce mot terrible qui va effrayer ton maître dans les feux de l'enfer, et ébranler sa triple chaîne. Mais je t'entends, Zernebock, et je sens ta présence.

XVIII.

— Fille de la poussière! dit la voix retentissante; — le sol de la vallée trembla, et le rocher massif s'ébranla sur sa base, — fille de la poussière, ce n'est pas à moi qu'est confiée la destinée d'Harold. Le ciel et l'enfer se disputent son ame et sa vie; j'ignore si nous remporterons la victoire à sa dernière heure. Il se lève en ce moment une étoile rougeâtre qui le menace de sa fatale influence: profite du temps qu'elle mettra à parcourir sa carrière pour employer tes noires trames. Allume la guerre entre Harold et l'Église, et livre sa vie à de périlleux hasards. Je te promets mon aide pour le perdre.

La voix s'est tue; un bruit terrible semblable aux roulemens de la foudre trouble un moment le morne silence de la nuit, et va épouvanter les hameaux livrés au sommeil.

— Est-ce là tout ce que tu viens m'apprendre? s'écria Jutta d'un ton farouche; retourne dans le climat des brouillards et des orages : c'est là, divinité impuissante, qu'est ton digne séjour ; jamais le Breton ne fléchira le genou devant un génie tel que toi. — Elle frappa l'autel de sa baguette ; mais ce fut aussi légèrement qu'une beauté timide touche son palefroi pour hâter sa marche ; cédant à ce faible effort, cette pierre énorme se détache de sa base ébranlée, roule dans le vallon avec le fracas de la foudre, et va s'engloutir dans l'onde du lac, qui bondit, écume, et inonde ses bords. Mais à peine la lune laissait tomber son paisible rayon sur ce lac agité, que Jutta était déjà de retour dans sa chaumière.

FIN DU CHANT SECOND.

HAROLD

L'INDOMPTABLE.

CHANT TROISIÈME.

I.

Tours antiques de Durham! il fut un temps où je contemplais vos créneaux avec cette vague espérance qui embellit l'aurore de la vie! non que, même alors, mon ame osât se livrer à la vaine ambition d'obtenir un jour les honneurs du trône ou de la mitre! mais, à l'aspect de vos murs vénérés, une vision flatteuse me montrait, dans le lointain, un toit commode, un modeste presbytère... C'est ainsi que l'espérance m'abusa comme elle abuse tous les mortels.

Mais j'aime encore tes piliers massifs, ô toi qui es en

même temps un temple pour la Divinité et une forteresse contre l'Écosse; j'irais volontiers errer dans ton illustre enceinte, riche du souvenir des temps passés. Semblable au voyageur qui abandonne le champ de ses pères pour aller parcourir les contrées que consacre l'histoire, et arracher leurs monumens à l'oubli, je ferais encore retentir tes voûtes des hymnes du prêtre et du bouclier sonore du paladin.

Vains regrets!... D'autres soins réclament mes loisirs dans un autre climat. Mais la harpe du Nord m'ordonne de célébrer avec elle l'histoire de tes premiers âges. Je voudrais que l'instrument harmonieux m'inspirât l'art de retracer le beau spectacle que tu offris à Harold lorsque, du sommet de Beaurepaire, il aperçut, au lever de l'aurore, les tours saxonnes d'Eadmer entourées des ondes du Wear.

II.

Les premiers feux du soleil trahissaient les détours de la rivière, qui semblait se cacher sous l'ombrage des arbres dont ses bords sont ornés. Les tourelles gothiques projetaient leurs ombres gigantesques, et la cloche de matines faisait entendre ses sons prolongés, que répétaient au loin les échos du donjon.

III.

Les vapeurs du matin s'élevaient de la terre, et le peuple joyeux des oiseaux se réveillait en répétant ses concerts. Les cors sonores appelaient à la chasse la meute endormie; la brise semblait s'arrêter dans son vol aérien, pour dérober le parfum des fleurs et jouer avec leur tige légère. Ce tableau, que révèlent les premières clartés de l'aurore, cette douce mélodie des oiseaux, et le souffle parfumé du matin, charmèrent le cœur farouche d'Harold ; involontairement ému, il suspend son casque à un arbre voisin, qui sert aussi d'appui à sa massue et à son épée. Il s'asseoit sur le vert tapis du gazon, et adoucit l'expression sauvage de son regard : si quelqu'un avait eu à demander une faveur à ce fier Danois, il eût été sage de profiter de ce moment.

IV.

Gunnar se plaça auprès de son maître ; et, remarquant le calme de son visage, il épia l'occasion favorable de hasarder un conseil. C'est ainsi que, lorsque les derniers flots d'un torrent s'écoulent, le timide pèlerin hésite encore, et s'arrête sur la rive avant de risquer le passage ; tel l'écuyer d'Harold craignait encore de réveiller l'humeur chagrine de son seigneur, lorsque celui-ci releva la tête, et Gunnar vit briller ses yeux comme ces rayons du soleil qui dispersent les nuages.

V.

— Fils d'Ermengarde, s'écria-t-il, descendant des bardes, et fils d'une prophétesse, prends ta harpe, et salue cette brillante aurore par un noble chant de gloire ! que ta voix retentisse comme le cor du chasseur et l'harmonie sauvage des bois ; tel était le plaisir de mon ancêtre Éric, lorsque le point du jour dissipait les ténèbres. Le scalde Heymar appelait au son de sa harpe tous ses compagnons endormis sur les dépouilles des ours et des loups ; ils s'élançaient comme les lions du fond de leur repaire ; et, pleins d'un noble enthousiasme, ils allaient rivaliser de courage. Illustre Éric ! ô toi, le plus vaillant des fils d'Odin, où repose ton ombre magnanime ! Admis au palais de Valhala, tu savoures l'hydromel dans le crâne des vaincus ; ou peut-être tu habites encore le rivage désert d'où ton monument défie les vagues écumeuses ! En quelque lieu que tu sois, ils te sont connus, sans doute, nos travaux, nos combats, nos trophées et nos malheurs ! Il dit, et Gunnar obéit aussitôt. —

VI.

Du fils d'Inguar quand vint le dernier jour,
Des flots de sang inondèrent la plage ;
On entendit l'orfraie et le vautour
Se réjouir sur leur roche sauvage :
Il a péri de la mort des héros !
Il revivra dans l'hymne de la guerre.
« Paix au guerrier, habitant des tombeaux,
» Le fils d'Inguar fut digne de son père ! »

Près de Cremsay, dont les flots écumeux
En mugissant rencontrent le rivage ;
Quel noir fantôme apparait à nos yeux,
Mêlant sa voix à celle de l'orage ?
Dans leurs terreurs les pâles matelots
Ont répété le chant des funérailles :
« Honneur, honneur à l'enfant des batailles,
» Paix au guerrier habitant des tombeaux. »

Qui trouble donc ta cendre solitaire ?
A-t-on ravi ta lance ou ton cimier ?
Illustre Éric, une main téméraire,
A-t-elle osé toucher ton bouclier ?
Sur le tombeau je vois encor tes armes,
Dors du sommeil que goûtent les héros ;
Du voyageur fais cesser les alarmes !
« Paix au guerrier habitant des tombeaux. »

Éric répond : « De quels cris de victoire
Mon monument a soudain retenti ?
D'un fils d'Odin ils célèbrent la gloire,
Le nom d'Harold............ »

VII.

— Arrête, dit le chevalier ; le noble scalde célébrait la valeur de nos pères, mais il n'entreprit jamais de faire entendre au héros le chant de ses propres exploits. Dans le banquet d'Odin, une place d'honneur est destinée au barde qui ne s'est jamais avili jusqu'à flatter ; mais une plus grande gloire encore sera le prix de celui qui ose dire des vérités peu agréables.

Le jeune Gunnar regarda son maître avec un sourire qui exprimait ses doutes, et ne répondit rien. Mais Harold devina aisément sa pensée. — Est-ce bien avec moi, dit-il, timide écuyer, que tu n'oses te livrer à la franchise? Ta censure n'affecte pas plus mon cœur que l'hiver n'enlève au laurier ses feuilles toujours vertes. Parle quand tu voudras ; mais toutefois prends bien garde au caprice de ma sombre humeur. Il serait cruel pour moi de faire tomber l'orage de ma colère sur le jeune page qui a si long-temps porté mon bouclier, et qui n'a jamais cessé, malgré sa faiblesse, d'être le serviteur fidèle d'Harold.

— Eh bien, dit le page, c'est à cette terrible colère que mon reproche s'adressera. Il semble souvent qu'un démon s'empare soudain de mon seigneur ; un seul mot mal interprété lui fait porter la main sur sa lance et sa massue, et l'entraîne dans d'innombrables périls... Plût aux dieux que Gunnar fût la dernière victime immolée à ce mauvais génie, et qu'une fois rassasié de mon sang, il cessât de te poursuivre !

VIII.

Le chevalier du Nord fit un geste d'impatience, et répondit à Gunnar : — Cesse d'outrager une race de héros qu'il ne t'appartient pas de juger..... Tels sont les descendans d'Odin, quand la fureur divine du farouche Bersekar leur inspire des exploits au-dessus du courage des mortels. Aussitôt que le guerrier sent cette irrésistible influence, il traverse les lacs et franchit les remparts; sans bouclier, sans cuirasse, il se précipite seul sur mille ennemis, brise leurs lances comme de simples roseaux, déchire leurs cottes de mailles comme les vêtemens de soie d'une jeune fille, et survit à toutes les blessures dont il est criblé. Les vautours accourent à ses cris de carnage et de victoire; son épée semble altérée de sang, et tout ce qui s'oppose à sa marche est livré aux flammes ou aux ruines. Alors, tel qu'un lion rassasié, il cherche une caverne solitaire, et il s'endort jusqu'à ce qu'il redevienne homme..... Tu sais à quels signes reconnaître l'approche de ce délire furieux..... Pense alors à ta sûreté, et garde le silence. Mais quand tu me vois calme, tu peux dire hardiment tout ce qu'un chevalier doit écouter. Je t'aime, Gunnar; tes chants ont la vertu de ramener la paix dans mon ame. C'est ainsi, prétendent les moines chrétiens, que les démons étaient chassés autrefois. N'aie donc aucune crainte; tu peux franchement m'expliquer ta pensée.

IX.

Semblable au pilote prudent qui, se voyant engagé dans un détroit inconnu, sonde les bas fonds avant de poursuivre sa route, le page observe attentivement le regard de son maître, et s'arrête par intervalles pour tirer de sa harpe une mélodie capable de charmer ce cœur facile à s'irriter, pendant que sa romance ne révèle qu'à demi l'avis secret qu'il voudrait lui donner.

Malheur à la nacelle errante,
Jouet de l'onde et des autans,
Quand le démon des ouragans,
Élève sa voix menaçante !
Mais, mille fois malheur aux matelots,
Qu'un traître guide sur les flots!

Dans les sables de la Syrie,
Malheur au pèlerin pieux,
Qui trouvant la source tarie
Implore vainement les cieux;
Malheur surtout si le Copte perfide
Dans le Désert lui sert de guide.

Malheur encore au chevalier
Qui dans le combat perd sa lance;
Malheur à lui si son coursier
S'abat, et trahit sa vaillance.
Malheur surtout, oui, mille fois malheur,
S'il écoute un sexe trompeur.

X.

— Oses-tu donc, dit Harold, accuser la belle Metelill?
— Je dois l'avouer, elle est belle, reprit le page, en laissant errer sa main sur les cordes de sa harpe; elle est belle. Cependant, ajouta-t-il en changeant d'air et de rhythme :

Je dois l'avouer, elle est belle !
Mais malgré l'éclat de ses yeux
Et l'ébène de ses cheveux,
Il en est de plus belles qu'elle !
Ah ! si j'étais au rang des chevaliers !
(Ce titre un jour me sera dû, j'espère)
Gunnar aux pieds d'une amante étrangère
N'irait jamais déposer ses lauriers.

J'aime du Nord la terre antique,
Ses chênes des ans respectés,
Et ses rochers où la Baltique
Voit mourir ses flots révoltés.

Au dieu du jour notre patrie est chère,
Quand vient le soir il ralentit ses pas;
Et laisse aux mers ses traces de lumière,
Pour consoler les nuits de nos climats (1).

Mais la fille de la Norwège
A surtout des droits sur mon cœur;
De nos monts couronnés de neige
Son sein égale la blancheur;
Du pin altier sa taille a l'élégance,
Le voile d'or que forment ses cheveux
Rend plus brillant l'azur de ses beaux yeux.
Jamais son cœur ne connut l'inconstance.

De nos chasseurs les jeux guerriers
Ont aussi pour elle des charmes;
C'est sa main qui donne les armes,
Et qui prépare les lauriers.
Quand le héros a conquis la victoire,
Avec amour elle lui tend les bras,
Ou sans regret partage son trépas!....
Fille du Nord, tu fais aimer la gloire!

XI.

— Gunnar, dit le chevalier en souriant, tu peins sous de si nobles traits les vierges du Nord, que j'ai presque regret de n'avoir pas choisi pour la dame de mes pensées une beauté aux yeux bleus, à la chevelure d'or et à l'ame altière... Mais de quoi peux-tu accuser Metelill?

— Je ne peux lui reprocher, reprit Gunnar, que l'ignoble métier de son père..... Le bruit public donne aussi à Jutta une réputation peu honorable, et ses yeux trahissent la bassesse de son ame. Deux fois vous avez

---

(1) On sait que la durée du jour est d'autant plus longue sur chaque hémisphère boréal et austral, à mesure que le soleil se rapproche davantage des tropiques du cancer ou de celui du capricorne. Les jours solsticiaux embrassent alors les vingt-quatre heures au pôle vers lequel le soleil s'est avancé. — Éd.

visité cette chaumière maudite, et deux fois vous en êtes revenu avec ce délire furieux qui vous fait exposer votre vie dans des exploits désespérés.

XII.

— Tu es dans l'erreur, dit Harold; Jutta m'a répondu sagement que, lorsqu'un chevalier veut courtiser une jeune fille, il doit, avant de conclure son hymen, acquérir des terres et un château pour sa fiancée..... J'ai donc réclamé l'héritage de mon père. — Voilà bien, s'écria Gunnar, la ruse de Jutta! Elle veut que vous, Danois et païen, vous alliez réclamer des terres aux moines de Durham, qui n'ont pas oublié que leurs vassaux furent jadis égorgés par Harold dans leurs propres foyers. — L'œil d'Harold s'enflamme à ces mots; il répond d'une voix de tonnerre: — Tu en as menti, page téméraire; le château que je réclame m'appartient; il fut bâti par Witikind sur les rives de la Tyne. Le chat sauvage défend sa tannière, le timide roitelet combat pour son nid; et moi je renoncerais à mes droits, que me disputent des moines! Partons; le son de cette cloche annonce le chapitre tenu par l'évêque. J'y paraîtrai, selon les avis de Jutta, pour exposer ma demande; s'ils persistent à me refuser, malheur à l'Église et au couvent!

Lecteur, rendons-nous aussi au chapitre.

FIN DU CHANT TROISIÈME.

HAROLD

L'INDOMPTABLE.

CHANT QUATRIÈME.

I.

Maint poète a célébré le silence solennel des nefs gothiques, les autels couronnés d'un dais, les riches sculptures des tombeaux, et tous les ornemens pompeux des antiques églises, gages de la piété des fidèles, aujourd'hui bien refroidie. Mais les légendes nous apprennent que la luxure osa souvent s'introduire dans les saints asiles du cloître, comme on avait vu jadis le prêtre de Baal pénétrer dans le temple du vrai Dieu.

Je suis charmé toutefois que lorsqu'il plut à nos voisins barbares de venir, sans y être appelés, purifier nos contrées des haillons de Rome, ils n'aient point prononcé sur nos temples la malédiction que leur fanatisme fit tomber sur les leurs. Je leur sais gré d'avoir épargné les saints martyrs et leurs tombeaux, quoiqu'ils fussent consacrés par des miracles catholiques, et que les voûtes retentissent encore du son mélodieux des orgues.

N'allez pas croire, lecteur, si je peins ici un prélat ambitieux et avare, que tous ceux qui ont porté la mitre de notre saint Cuthbert ressemblaient à l'évêque Aldingar. Dans les temps modernes, comme dans les temps les plus reculés, cette mitre couronna le front de plus d'un digne serviteur du ciel, dont les vertus pouvaient bien faire oublier les crimes de leurs prédécesseurs. Je nommerai Morton et Matthews. Honneur aussi au respectable Barrington (1)!

II.

Mais la muse m'ordonne de revenir à mon sujet, et de décrire le chapitre du couvent, l'ordre et la symétrie qui présidaient à l'arrangement des livres et des saintes reliques. D'énormes volumes fermés par des agrafes de cuivre, et que la main du prêtre studieux parcourait rarement, étaient déployés sur un pupitre richement sculpté pour figurer dans cette cérémonie solennelle. Au-dessus de la tête des moines, les voûtes et les arceaux des nefs offraient maint écusson orné d'élégantes devises. Aldingar était venu s'asseoir, en grande pompe, sur un siège surmonté d'un dais : jamais prélat plus hautain n'avait porté la crosse de saint Cuthbert. Les chanoines et les diacres avaient pris leurs places au-

---

(1) Évêque actuel de Durham. — Éd.

dessous de lui, chacun selon son rang; tous gardaient un profond silence, et restaient immobiles comme des statues dans leur stalle de chêne. Leur regard sévère témoignait seul qu'ils n'étaient pas des images de marbre.

III.

Le prélat se préparait à prendre la parole, chaque pieux personnage inclina sa tête sur son sein; mais, avant que sa voix fût entendue, il s'éleva au-dehors un tumulte qui exprimait l'étonnement et la crainte; tels sont les cris que pousse la foule rassemblée dans les rues, lorsqu'un incendie qui vient d'éclater excite à la fois sa curiosité et sa terreur. Ce bruit durait encore; un bras puissant ébranle sur ses gonds l'énorme porte de l'église; elle cède à ses efforts; les deux battans s'ouvrent, et les moines ont à peine le temps d'appeler à leur aide un ange ou un saint, que déjà Harold l'indomptable est au milieu du chœur de l'église.

IV.

—Voici le fils du vieux Witikind, le comte Harold, s'écrie-t-il; craignez sa fureur, auguste prélat, et vous, chanoines en chaperon : Harold réclame les terres que conquirent ses ancêtres !

L'évêque promène autour de lui des regards troublés; il voudrait prononcer un refus, et n'ose le faire; il n'est pas de chanoine ni de diacre, cependant, qui ne consentît volontiers à jeûner une semaine pour se trouver en sûreté chez lui. Enfin, Aldingar reprend courage et répond avec fierté : —Tu demandes ce que tu ne peux obtenir : l'Église n'a point de fief à confier à un Danois privé du baptême. Ton père fut chrétien, et il a sagement consacré tous ses trésors à faire dire des prières pour le repos de son ame. Les fiefs qu'il avait reçus de l'Église sont redevenus la propriété de l'Église ; elle les a donnés à Anthony Conyers et à Albéric Vère, qui portent la bannière sacrée de saint Cuthbert lorsque les guerriers du Nord viennent piller les rives du Wear ; cesse donc de troubler notre chapitre par des reproches ou des outrages, et retourne en paix comme tu es venu.

v.

Le farouche païen le regarde avec un amer sourire : — Conyers et Vère, dit-il, sont dispensés de remplir ce pieux devoir ; un espace de six pieds dans votre chœur, un bouclier de pierre, une cuirasse de plomb, voilà tout ce qu'ils réclament..... Gunnar, apporte-moi les preuves de ce que j'avance. — Il dit, et jette sur l'autel une main et une tête récemment séparées du tronc dont elles firent partie : les diacres et les moines frissonnent de terreur. Ils reconnaissent les traits glacés et les cheveux gris de Conyers, et la main de sir Albéric Vère à une ancienne cicatrice. Tout le chapitre pâlit à ce spectacle, et balbutie tout bas une prière.

vi.

Le comte Harold sourit de leur épouvante. — Est-ce bien là, leur demanda-t-il, est-ce bien là cette main qui devait porter votre bannière ? est-ce bien là cette tête qui devait se parer du casque dans les combats et défendre l'Église ? Sont-ce là les deux héritiers d'Harold ? Trouvez-moi, dans les vallées de la Tyne et du Wear, un chevalier capable de manier cette lourde massue, sinon rendez-moi mes fiefs, et je ne croirai pas vos têtes dépourvues entièrement de sagesse. — Il relève cette massue ensanglantée, la fait tourner avec un aigre sifflement que répète l'écho des voûtes ; et, la laissant tomber sur le monument du roi Osric, il le brise comme un fragile cristal.—Que dites-vous, s'écrie-t-il, de ce sifflement de ma massue? Croyez-vous qu'on puisse aisément dépouiller de ses terres le guerrier qui porte une telle arme?... Répondez... Mais je veux bien vous laisser le temps de délibérer. Que saint Cuthbert vous inspire, si saint Cuthbert est un saint. Je fais dix pas dans le presbytère, et je reviens au milieu de vous. Graves personnages, adieu.

VII.

Il s'éloigne; et le bruit retentissant de ses pas expire sous les voûtes. A peine cette espèce de fantôme a-t-il disparu, que le prélat relève sa tête penchée sur son sein, et ses yeux expriment l'effroi que causerait une apparition.—Ministres de saint Cuthbert, dit-il, aidez-moi de vos conseils; jamais évêque n'en eut plus besoin que moi. Si le prince des démons revêtait la forme humaine, il choisirait ces traits, ce regard, et ce sourire amer. Pourrait-on jamais trouver dans les domaines de saint Cuthbert un chevalier qui osât combattre pour notre cause ce mauvais génie? Apprenez-moi donc quelle réponse je dois faire! C'est un crime d'accorder ce qu'il demande; il y va de la vie si nous refusons.

VIII.

Vinsauf, le père chargé du cellier, s'était déjà, de bon matin, versé une coupe de Malvoisie. Voici comment il opina :—Attendons jusqu'à demain pour donner la réponse du chapitre. Invitons Harold à un banquet, que le vin y coule à grands flots; s'il est homme, il boit; s'il boit, il est à nous. Des bracelets de fer orneront ses bras... Son lit sera dressé dans une de nos tours.

Ce saint moine avait un visage riant..... O mes amis; ne vous fiez pas toujours à ces visages-là ! Vinsauf vidait volontiers une coupe remplie de vin ; il aimait la bonne chère et la gaieté..... Jamais poète n'estima autant que moi un quartier de venaison et le jus brillant de la grappe ; mais, plutôt que de m'asseoir à table à côté de Vinsauf, quand le gibier viendrait de Bearpark, et le nectar de Bordeaux, je préférerais une galette et un verre d'eau de la Tyne, dans la cellule obscure d'un ermite.

IX.

Walwayn prit ensuite la parole. Savant dans l'art d'Esculape, il connaissait toutes les plantes que le soleil et la rosée font épanouir, mais surtout celles dont le suc a une fatale influence sur le sang et le cerveau. Le villageois qui le voyait, au clair de la lune, cueillant des simples sur le bord des ruisseaux, l'eût pris volontiers, à sa taille maigre et à sa marche mystérieuse, pour un habitant de la tombe.

—Winsauf, dit-il, ton vin n'est pas sans vertu, nos chaînes sont pesantes, nos tours sont fortes : mais trois gouttes de ce flacon valent encore mieux que les cachots, les chaînes et le vin. Elles feront descendre Harold sous terre, dans une prison plus sombre, plus étroite et plus profonde ! Que le fils de Witikind nous débarrasse de sa présence ; qu'il reçoive la mort d'un dogue enragé, et le tombeau d'un païen. —

J'ai été condamné par la fièvre à rester étendu dans mon lit. Je passais des heures à épier les pas du médecin, comme si sa présence seule devait calmer mes douleurs ; j'écoutais ses paroles de consolation comme des oracles célestes. Je voyais enfin avec joie arriver le jour où je recevrais ses adieux, et je bénissais ce dieu sauveur. Mais plutôt que de laisser approcher de mon lit un homme tel que Walwayn, je préfèrerais mourir sans le secours de l'art d'Épidaure.

X.

—Ce que vous proposez, dit le prélat indécis, l'Église peut le pardonner à la ferveur du zèle, et garder prudemment le silence. Mais de tels moyens ne peuvent être approuvés d'avance... Anselme de Jarrow, donnez-nous maintenant votre avis; le sceau de la sagesse est gravé sur votre front. Toute une vie passée dans le cloître, et votre science mystique, nous inspireront sans doute un expédient salutaire. Anselme de Jarrow, vous êtes ma seule espérance. Le pape lui-même pourrait vous consulter comme moi.

XI.

Le prieur répondit : — Ce fut toujours un parti sage de faire attendre ce qu'on n'ose pas refuser. Avant que le comte Harold puisse faire valoir ses prétentions par la force, trouvons-lui des périls dignes de son courage; voyons si ce géant audacieux hasardera ses pas dans le séjour des ténèbres, du danger et de la terreur. Il ne voudra pas sans doute réclamer contre notre arrêt; nous n'exigerons de lui que des épreuves de chevalier. Le fameux Guy et sir Bevis-le-Fort sortiraient de la tombe, que nos domaines pourraient leur fournir de longues aventures. Le château des Sept-Boucliers...

Le père Anselme se tait... Le fils de Witikind a déjà mis le pied sur le seuil de la porte. On l'attend dans le plus grand silence; il se présente couvert de sa peau d'ours, et sa massue sur l'épaule. L'écume était sur ses lèvres, ses yeux étaient étincelans; car l'impatience avait allumé sa fureur.—Prélat, dit-il, m'accorderas-tu enfin ma demande? ou faudra-t-il que j'obtienne justice par le fer et la flamme?

XII.

—Intrépide Harold, répondit l'évêque, nous ne pouvons délibérer sur vos prétentions que lorsque nous aurons reçu des preuves de votre valeur..... Ce n'est pas que nous en doutions; mais telle est la loi.

—Crois-tu donc, reprit Harold, que le petit-fils d'Éric consentirait à être le jouet de ton troupeau de moines? Parle, que faut-il faire?.... Veux-tu que je saisisse d'un bras vigoureux le cercueil de plomb de saint Cuthbert, et que je le fasse voler dans le chœur comme une pierre lancée par la fronde?

—Abstenez-vous d'une telle épreuve, dit le moine du cellier; vous apprendrez de la bouche de nos ménestrels ce qu'on exige de vous; vous l'apprendrez dans un banquet, pendant que nous vous verserons le vin dans une coupe d'or; et vous conviendrez, vaillant Harold, que le prélat et son clergé vous offrent des exploits dignes de vous. —

XIII.

Les convives sont dans la salle du festin; le joyeux bruit des verres charme l'oreille. Mais Harold écoute surtout le ménestrel Hugues Meneville. Son ame impétueuse fut toujours facilement domptée par les accords de l'harmonie; il fixait ses grands yeux noirs sur la harpe du barde, et oubliait souvent d'approcher la coupe de ses lèvres, tant l'histoire des enchantemens avait d'attraits pour lui. Aussi le prélat était-il tenté de reprocher à Vinsauf d'avoir inutilement ravagé son cellier.

XIV.

LE CHATEAU DES SEPT BOUCLIERS.

BALLADE.

Le druide Urien avait sept filles. Initiées dans les secrets de la magie, elles avaient le pouvoir de faire descendre la lune du ciel. La renommée parla tant de leurs appas, que sept princes puissans vinrent briguer l'honneur d'être leurs époux.

Les rois Mador et Rhys vinrent de Powis et du pays de Galles; leurs cheveux étaient en désordre, et leur aspect repoussant. Ewain le boiteux arriva de Strath-Clwyde, et Donald, à la barbe rousse, de la ville de Galloway.

Lot, roi de Lodon, était né le dos voûté; Dunmail de Cumbrie n'avait jamais eu de dents. Mais Adolphe de Bambrough, prince du Northumberland, était aimable, brave, jeune et bien fait.

La jalousie divisa les sœurs, car chacune d'elles eût préféré le brave et beau prince Adolphe. La jalousie fit naître la haine. Elles allaient se déchirer entre elles, lorsque la terre s'ouvrit, et le roi des enfers parut.

Il promit aux filles du druide de les contenter toutes. Elles jurèrent à l'ennemi des hommes de lui obéir aveuglément. Il leur remit à chacune une quenouille et un fuseau. — Écoutez-moi, dit ensuite l'ange proscrit :

— Vous filerez avec ces fuseaux à l'heure de minuit, et sept tours s'élèveront soudain. C'est là que le prodige s'accomplira; c'est là que triomphera le mal, et que vous habiterez avec celui que chacune de vous préfère.

Elles allèrent s'asseoir dans le vallon éclairé par la lune. Les chants qu'elles firent entendre ne peuvent se répéter. Elles se blessèrent le sein, et la laine noire qu'elles filaient fut imbibée de leur sang.

Pendant que les fuseaux tournaient légèrement dans leurs mains, le château s'élève comme un songe; les sept tours sortent de la terre comme une vapeur; sept ponts-levis les défendent, sept fossés les entourent.

Ce fut dans ce terrible château que les sept monarques célébrèrent leurs noces, mais six d'entre eux sont égorgés le lendemain matin. Les sept vierges, les yeux enflammés et tenant encore à la main leurs poignards sanglans, entourent la couche d'Adolphe.

— Nous venons d'immoler six époux couronnés, lui disent-elles, te voilà maître des six royaumes. Partage ton cœur entre sept fiancées, ou la couche du septième sera ensanglantée comme celle des autres.

Heureusement que la veille de son hymen, le prince Adolphe avait reçu la bénédiction d'un pieux confesseur; il s'élance de son lit, et saisissant son épée, il immole les sept filles du druide Urien.

Il ferme le château, et à chaque porte il suspend une couronne et un bouclier. Il dirige ensuite ses pas vers le cloître de Saint-Dunstan, et y termine ses jours sous le cilice d'un saint anachorète.

Les trésors des sept monarques sont déposés dans ce château, les démons les gardent et en défendent l'approche: quiconque osera y pénétrer depuis l'heure du couvre-feu jusqu'à celle de matines, se rendra maître de ces précieuses richesses.

Mais à mesure que le monde vieillit, les hommes dégénèrent. Il n'est pas dans la Grande-Bretagne un chevalier assez hardi, assez courageux et assez prudent, pour tenter cette périlleuse aventure.

Les sommets de Cheviot s'inclineront comme l'épi flexible, avant que les guerriers d'Albyn abandonnent le Northumberland, et les durs rochers de Bambro se fondront au soleil, avant que ces trésors soient conquis.

XV.

— Et c'est là l'épreuve à laquelle on met mon audace? s'écria le farouche Harold. Il faut aller dormir dans une de ces couches solitaires! Successeur de saint Cuthbert, je vous dis bonsoir : demain le château des sept boucliers recevra le comte Harold.

FIN DU CHANT QUATRIÈME.

HAROLD

L'INDOMPTABLE.

CHANT CINQUIÈME.

I.

Le sage courtisan du jeune prince danois, qui consentait à voir avec son maître une baleine dans un nuage, soutenait une vérité sans le savoir, car l'imagination brode le voile de la nature. Les couleurs nuancées d'une soirée d'orage, celle d'une aurore pâle, la sombre vapeur qui recèle la foudre ou la neige argentée, ne sont que le canevas sur lequel l'imagination prodigue ses riches détails, et, mêlant avec son pinceau bizarre ce qui existe avec ce qui n'est qu'illusion, crée un tableau dont l'aspect enchante nos yeux abusés.

Les objets informes que nous offrent la terre et les montagnes sont encore du domaine de la magicienne; car elle ne compose pas seulement ses tableaux avec les couleurs aériennes qu'elle trouve sur la surface des mers et dans l'espace des cieux; ses châteaux enchantés s'élèvent aussi sur la terre, que son char ne dédaigne pas de parcourir.

II.

Harold suivait un sentier stérile, pressé d'aller tenter l'aventure des sept boucliers. Gunnar, le page fidèle, accompagnait son maître, dont il n'abandonnait jamais le côté. Ils rencontrent sur leur passage un fragment de granit qui s'était détaché d'une roche voisine. Un jeune bouleau inclinait son feuillage sur cette masse aride, et ses racines s'étaient entrelacées sous ses débris et dans ses fentes.

Cet arbre et ce rocher occupèrent long-temps la pensée de Gunnar, jusqu'à ce qu'une larme vint mouiller ses joues, et le page timide s'adressant à son maître, lui dit : — Quel est l'emblème qu'un barde croirait voir dans ce dur granit et sa verte guirlande? — On pourrait, répondit Harold, trouver dans ce granit l'image du casque d'un vaillant guerrier tué dans la bataille, et ces rameaux qui l'ombragent seraient le panache qu'il reçut de celle qui avait touché son cœur. — Non, non, reprit le page : je vois plutôt l'emblème des malheureuses amours d'une jeune fille qui unit sa destinée à celle d'un héros dont le cœur ignore le pouvoir de l'amour. La douce pluie du ciel nourrit seule ces rameaux inclinés; les carreaux brûlans de la foudre briseront à la fois l'arbre et le rocher; de même, celle qui

CHANT CINQUIÈME.

aime sans être aimée, n'a d'autre consolation que ses larmes..... d'autre refuge que la mort.

III.

— Je ne puis expliquer ton humeur capricieuse, dit Harold; tu fuis les jeunes beautés, et tu parles toujours d'amour. Au milieu des périls de la guerre, tu te tiens à l'écart; et cependant tu es condamné, par ta mauvaise étoile, à errer avec un chevalier dont tous les plaisirs sont dans les champs du carnage. Je l'avouerai toutefois, malgré ta faiblesse et ta timidité, tu as su trouver le chemin de mon cœur, et nous ne nous séparerons jamais. Harold livrerait tout l'univers aux flammes, plutôt que de souffrir que le moindre outrage fût fait à Gunnar.

IV.

Le page reconnaissant ne répondit rien, mais il leva les yeux vers le ciel et croisa les mains, comme pour dire, — Mes fatigues, mes longs voyages sont assez payés! Et puis affectant plus de gaieté, il se hasarda peu à peu à s'entretenir de nouveau avec son maître: bientôt les mots sortirent de sa bouche en sons cadencés, et il chanta ces vers harmonieux:

V.

Ah! si dans les champs du carnage
Je n'ose suivre Harold vainqueur,
Qui peut contempler ta valeur
Avec plus d'orgueil que ton page?
Aux lambris d'or, à la couche d'un roi,
Gunnar préfère un humble asile
Sur ta peau d'ours Gunnar s'endort tranquille,
Pourvu qu'il dorme auprès de toi.

VI.

— Silence, dit tout à coup Harold avec un accent qui marquait la surprise mêlée d'une légère crainte; silence, nous ne sommes pas seuls ici! le fantôme du pèlerin s'approche; je reconnais à son capuchon et à son manteau celui qui m'a déjà deux fois apparu pour me faire entendre de téméraires reproches. Observe-le attentivement, Gunnar, auprès de cet arbre brûlé par l'orage... Regarde... Tu ne pus le voir lorsqu'il se montra à mes yeux dans la vallée du Jourdain, ni sur les rochers de Céphalonie où sa présence fut suivie d'un si terrible orage : aujourd'hui, le vois-tu? — Le page, troublé par la terreur, répondit : — Je ne vois rien, si ce n'est l'ombre que projettent sur le sentier les rameaux desséchés du chêne, dont elle suit les mouvemens, semblable à la robe flottante d'un pèlerin.

VII.

Harold contemplait le chêne sans détourner un seul instant les yeux; il s'écria enfin avec assurance : — Advienne ce qu'il pourra, fantôme menaçant, ni le ciel ni l'enfer ne pourront dire qu'Harold se soit laissé intimider par leurs ombres. Je lui parlerai; quoique ces accens me causent ce frémissement que les ames vulgaires appellent la crainte, je saurai la braver. Harold s'avance à grands pas, s'arrête sous l'ombre du chêne, et croisant ses bras sur son cœur, il dit : — Parle, je t'écoute.

VIII.

Une voix fit entendre ces paroles : — Chevalier farouche et indomptable dans tes fureurs, quand connaîtras-tu donc le repentir? Jusques à quand le bruit de tes pas troublera-t-il le sommeil des morts!... Oui, chacun de tes pas réveille l'habitant de la tombe et fait pousser des cris de triomphe aux démons du carnage et de la vengeance. Il est temps que tu te tournes vers le ciel. La vie est courte, et l'heure du jugement n'est pas éloignée.

IX.

Le descendant d'Odin répondit, flottant entre son orgueil et sa terreur : — C'est vainement que tu reprocherais au loup le carnage des troupeaux, et aux rochers leur cœur endurci... Je leur ressemble. Le sang que m'ont transmis mes pères circule dans mes veines en torrent de feu : dis-moi si dans le séjour des Gholes (1) et des fantômes on a oublié la renommée d'Éric, et celle de Witikind, surnommé le dévastateur, dont les vaisseaux n'abordaient jamais un rivage que pour y porter l'incendie et la mort. Witikind était mon père... Fils d'un tel guerrier, puis-je ne pas être aussi cruel que lui... Fuis donc, et cesse de m'adresser de vains reproches : je suis le fils de Witikind.

X.

Le fantôme gémit,... la montagne fut ébranlée, le faon et le daim timides tressaillirent à ce triste son ; le genêt et la fougère furent agités par une ondulation soudaine comme si un orage s'était élevé. — Tu as dit vrai, ajouta le fantôme ; mais cesse de répéter que ce père coupable signala par le sang toutes les traces de ses pas depuis le berceau jusqu'à la tombe. Il livra aux flammes les temples et les cités, et parcourut la terre comme le tison ardent de l'ange des ruines... Mais enfin il connut le remords. Peut-être même son exemple si

(1) Vampires de la mythologie scandinave. — Éd.

bien imité par sa postérité fait-il partie de son châtiment... Mais toi, lorsque tu entendras gronder l'orage de ta colère, prépare-toi à te dompter toi-même; réveille-toi, ô mon fils; si tu ne résistes pas à la voix de la haine, la porte du repentir te sera fermée à jamais.

XI.

— Il s'est évanoui, dit Harold qui ne voit plus que l'ombre du chêne; il a disparu, le fantôme! sa présence était pour moi un poids aussi accablant que celui dont le spectre de la nuit oppresse le malheureux dont un songe de terreur trouble le sommeil. Les battemens de mon cœur sont aussi rapides que les pas du fugitif, et une froide sueur inonde mon front... O Gunnar! prête-moi ce flacon que nous a remis le moine en nous disant que trois gouttes de la liqueur qu'il contient suffisaient pour rendre la vie au guerrier expirant; pour la première fois Harold aura demandé le suc d'une fleur afin de ranimer ses forces et son courage! — Le page lui donna le flacon que Walwayn avait rempli d'un poison inventé par son art. L'effet en était si fatal, qu'une goutte produisait le délire, et deux gouttes la mort. Harold allait l'approcher de ses lèvres, lorsqu'une musique et des clameurs joyeuses retentirent sur le coteau; il aperçoit dans le vallon la pompe d'un hyménée, et il entend répéter plusieurs fois : — Heureuse soit la belle Metelill! —

XII.

Harold pouvait reconnaitre du lieu où il était tous ceux qu'animaient le plaisir et les sons de l'harmonie. Les uns accompagnaient à cheval les deux époux, et les autres, à pied, mesuraient tous leurs pas par la douce cadence de la musique nuptiale. Tous répétaient en chœur les refrains des chants du bonheur, et les échos semblaient se plaire à y mêler aussi la sauvage harmonie qu'on entend dans les cavernes souterraines et les vallées profondes.

XIII.

A travers la joie qui enivre tous ceux qui font partie de cette fête, on peut remarquer les différentes passions qui les agitent : de même que le feu élémentaire se nourrit également d'une pure essence et des ronces sauvages, — douce ou impétueuse, la joie adopte la couleur de l'ame. Aimable, pure et franche dans le généreux fiancé, elle avait à combattre la crainte dans la jeune vierge; mais elle brillait à travers la larme de la pudeur, qui embellit les joues de la beauté timide comme une goutte de pluie ajoute encore un charme de plus à la rose. Le sombre sourire de Wulfstane exprimait la satisfaction de son avarice; on lisait, dans les yeux de Jutta, le triomphe de la vengeance et de la méchanceté.

La sorcière n'ignorant pas la dangereuse aventure où courait Harold, le regardait déjà comme descendu dans le séjour des morts; son démon lui avait dit ce matin ; — Si avant le coucher du soleil l'hymen a uni William et Metelill, le terrible Danois ne pourra plus nuire aux jeunes époux. La vieille disait donc : — Harold n'est plus : que son ame ne goûte qu'un regard troublé ! que la mandragore et l'ivraie prennent racine dans sa tombe; que les songes du désespoir le poursuivent dans le sommeil de la mort, et que son réveil soit plus horrible encore au dernier jour du monde !

XIV.

Mais c'est lorsque la joie est le plus vive, que le chagrin et l'infortune ne sont pas loin, disent les sages. Défiez-vous alors de la terreur avec son frisson, et du danger perfide. On risque de les rencontrer partout ; et ils ressemblent aux serpens qui se cachent de préférence sous le gazon où fleurit la primevère. C'est ainsi que le cortège de ce joyeux hyménée trouva Harold sur son passage. Frémissant de fureur, le chevalier poussa un cri, qui fut comme l'arrêt de mort prononcé sur la tête de tous ceux qui s'avançaient sous les auspices du bonheur. Ses victimes ne peuvent voir l'éclair que jettent ses yeux, le mouvement convulsif de ses traits, et ses lèvres qui écument comme celles du sanglier harcelé par une meute ; mais chacun prend la fuite, en voyant le fragment que son bras robuste vient d'arracher aux flancs du rocher, et dont il menace d'écraser ceux qui oseraient l'attendre.

XV.

Chacun fuit ; deux ennemis cependant se préparent au combat. Lord William, étranger à la peur, tire son épée ; Wulfstane tend son arc fatal ; mais, avant qu'il en eût lâché la corde, le quartier de roche vole dans l'air, comme s'il eût été lancé par le feu de l'Hécla, et tombe sur le front du téméraire chasseur. Tout ce qui avait tout à l'heure en lui la forme humaine a cessé d'exister ; il ne reste de Wulfstane qu'un cadavre défiguré, à demi enseveli sous la pierre sanglante.

XVI.

Tel que l'aigle qui fond rapidement du ciel dans la plaine, Harold est déjà descendu de la colline. Comme on voit les faibles oiseaux qui gémissent, et fuient à la vue du tyran des airs, chacun se disperse à l'approche d'Harold ; le jeune époux l'attend seul de pied ferme, tel que le noble faucon qui ose se mesurer avec l'aigle étonné de sa témérité. La lourde massue du Danois a déjà brisé l'épée de William, qui tombe lui-même sur le sable. Dieu du ciel! tu peux seul venir au secours de l'époux de Metelill, ou bientôt il aura cessé de vivre avant que la première heure de son hymen soit écoulée!

XVII.

La fureur d'Harold est à son comble ; l'éclair sinistre de la mort brille dans ses yeux ; il fronce ses épais sourcils, il grince des dents, sa main se contracte, une blanche écume couvre ses lèvres, son terrible bras est prêt à frapper... lorsque le jeune Gunnar s'élance, arrête la massue homicide, et, se jetant aux genoux de son maître, s'écrie : — Laisse-toi toucher par la pitié ! pense, Harold, aux paroles menaçantes prononcées par le fantôme ! L'heure qu'il a prédite est arrivée : Grace! grace! Harold, ou crains le désespoir !...

Cette voix suspend la rage d'Harold... Cependant son bras demeure levé, et son visage ressemble à celui du ministre de la mort, qui attend le signal.

Le page ne cesse de l'implorer: — Fais le signe mystérieux de la croix, lui dit-il; répète la prière des chrétiens; résiste au démon qui veut s'emparer de toi, ou tu es perdu!

Harold, cédant à un sentiment qu'il ne peut définir, fait le signe de la croix... Au même instant, ses regards s'adoucissent, son front se déride et s'éclaircit; la fatale massue retombe doucement à son côté; il détourne ses pas et s'éloigne. Souvent encore, cependant, tel qu'un convive qui quitte la table du festin avant que le banquet soit terminé, il tourne la tête, comme s'il regrettait une inutile victoire... Mais il a enfin donné une preuve de clémence : le fils de Witikind a fait un pas vers le ciel.

XVIII.

La mort demeure encore derrière lui, et frappe une dernière victime. Lord William est étendu sur la plaine; près de lui, Metelill se désole, et semble près d'expirer. On accourt, on demande des essences;... on trouve un riche flacon; il contient sans doute un élixir secourable; Jutta le veut goûter, avant de l'approcher des lèvres de ceux qu'elle aime. La liqueur de Walwayn n'a pas été donnée en vain. A peine la sorcière en a-t-elle versé trois gouttes dans son gosier, qu'elle pousse un cri lamentable qui réveille tous les oiseaux de sinistre présage. Le corbeau croasse, le choucas gémit sur le chêne, et la frésaie accourt du bois dans la vallée. Ce cri est si effrayant, qu'il trouble jusqu'au sommeil du héron, et que le renard et le loup lui répondent (car des loups habitaient alors les hauteurs de Cheviot); les montagnes se renvoient la voix expirante de la sorcière. Mais le dernier écho ne l'avait pas encore répétée, que Jutta n'était déjà plus.

XIX.

Telle fut la scène de carnage qu'éclaira le jour de votre hyménée, noble William, naïve Metelill. On voit souvent, avec les premières lueurs de l'aurore, le soleil reposer sur la montagne son disque obscurci et entouré d'une nuée rougeâtre; mais, bientôt parvenu au sommet de sa course, le roi du jour s'avance dans toute sa pompe..... C'est ainsi, jeunes époux, que l'amour vous fit bientôt oublier ce nuage menaçant, embellit votre âge mur, et vous accorda des jours sereins pour votre vieillesse.

HAROLD L'INDOMPTABLE.

CHANT SIXIÈME.

I.

J'espère bien que mon histoire ne donnera l'envie à aucun voyageur de venir en tilbury, en calèche ou en diligence, visiter le château des Sept Boucliers. L'état dans lequel on le trouve aujourd'hui ne confirme guère la ballade de Hugues Meneville. On ne voit même plus sur la bruyère sauvage d'autres tours que celles que l'imagination y bâtit; et excepté un fossé dont les bords entretiennent quelques touffes de gazon, il ne reste aucune ruine qui rappelle un ancien édifice.

Cependant de graves auteurs ont daigné consacrer

leurs veilles précieuses à ce château magique; dans leurs savantes théories, ils ont voulu prouver que c'était une citadelle construite par des légions romaines pour arrêter les envahissemens des peuples de la Calédonie. Je pourrais citer Hutchinson, Horsley et Camden, mais j'aime mieux consulter les traditions moins savantes des habitans des campagnes, qui, lorsque l'origine des monumens se perd dans la nuit des siècles, les attribuent au dieu du mal, et choisissent volontiers l'ange de l'enfer pour leur grand architecte.

II.

Je dis donc que ce fut sur un château magique, que le fier comte Harold fixa ses regards surpris. La rosée du soir humectait les fleurs de la bruyère. Les derniers rayons du soleil couronnaient les montagnes comme d'une couche de feu, et doraient les créneaux des tours antiques avant de s'éteindre dans les ondes. L'intrépide paladin danois admire les sept boucliers suspendus à chacune des portes, et les armoiries dont ils sont ornés.

Celui du prince de Galles portait un loup, et celui de Rhys de Powis un cerf. L'emblème du roi de Strath-Clwyd était une barque échouée. On reconnaissait le bouclier de Donald de Galloway à un cheval au galop. Un épi d'or attestait la fertilité de la contrée d'où le roi de Lodon était venu. Les armes de Dunmail étaient une dague. Enfin, l'écu d'Adolphe offrait un rocher battu par les flots et surmonté d'une croix. Telles étaient les différentes armoiries de ces antiques boucliers.

III.

Le comte Harold s'avança ensuite vers la porte massive du château, dont les verroux étaient usés par la rouille; cependant aucun chevalier n'eût osé tenter de

franchir ce passage devenu si facile. Plus fortes que des
bataillons armés, la terreur et l'épouvante en défendaient l'approche, et opposaient aux assaillans des obstacles plus insurmontables que les verrous et les barres
de fer. La superstition y rassemblait des ennemis surnaturels, et y élevait des remparts magiques.

Mais aujourd'hui tous ses enchantemens sont inutiles,
Harold renverse la porte d'un bras puissant, et pénètre
dans le château. Le vent du soir ébranla soudain les
trophées d'armes qui ornaient ces antiques murailles, et
fit entendre comme un gémissement lugubre. Ce bruit,
dans un semblable lieu, eût glacé d'effroi tout autre
cœur que celui d'Harold. Mais le fils de Witikind n'éprouva que ce frémissement que cause aux héros l'approche désirée d'une aventure périlleuse.

IV.

Cependant le Danois et son page n'aperçoivent rien
qui annonce la menace d'un danger prochain. Les cours
et les corridors sont déserts et solitaires. Ils visitent les
sept tours, et trouvent dans chacune d'elles l'appartement d'un roi, et une couche richement ornée, comme
si c'eût été la veille que l'hymen des sept princesses
avait été célébré; les tables étaient encore servies avec
pompe, et cependant deux siècles s'étaient écoulés depuis cette fête fatale. On y remarquait les flacons, la
vaisselle et des coupes du plus précieux métal (un peu
terni, il est vrai), un trône orné de drap d'or et d'un
dais superbe; enfin, l'antique tapisserie partagée en
lambeaux aussi minces que le fragile tissu d'Arachné.

V.

Dans chaque appartement un rideau de pourpre, semblable à un crêpe funèbre, dérobait la vue de l'alcove, et sur chaque lit étaient des ossemens hideux. A l'entour, on rencontrait des costumes barbares, des vestes brodées d'or, des colliers en pierres précieuses, et des diadèmes tels que ceux dont les anciens souverains ornaient leurs fronts; mais les têtes blanchies de ceux qui les portaient jadis étaient couvertes de poussière comme leurs vaines couronnes.

C'étaient les dépouilles mortelles de ces mêmes princes qui, ivres de vin et de plaisir, s'étaient endormis, il y avait deux siècles, sur le sein de ces fiancées, dont la feinte pudeur fut changée en soif de sang avant le lever de l'aurore.

Le bonheur et le malheur sont tellement unis dans les fils fragiles de l'existence, que jusqu'à ce que les ciseaux du destin aient déchiré le tissu, on ne peut les séparer ni juger de l'heure qui va suivre, par l'heure qui a précédé.

VI.

Mais le septième appartement, qui avait été témoin de la vengeance d'Adolphe, offrait un spectacle encore plus horrible. C'était là que l'on trouvait les squelettes des sept magiciennes, encore dans la position où elles reçurent la mort. L'une avait été étendue d'un seul coup, on devinait qu'une autre avait long-temps lutté contre l'agonie. Là, une main tenait encore un poignard comme pour se défendre; ici, une des sœurs semblait demander grace sur ses genoux décharnés; il y en avait une autre qui était tombée devant la porte, comme si elle eût été tuée en fuyant.

Le farouche chevalier sourit à l'aspect de ces cadavres; car il se souvint avec dépit de Metelill. — Juste vengeance, s'écria-t-il, de la perfidie des femmes, ces créatures aussi changeantes que l'air, aussi légères que la vapeur du matin! Le mal est venu dans ce monde par la femme, disent les prêtres des chrétiens. Je défie ta science de ménestrel, ô Gunnar, de me citer l'exemple d'une seule femme sincère dans son amour, et qui n'ait jamais trahi sa foi.

VII.

Le page sourit et soupire en même temps.

Il essuie une larme qui était tombée sur sa joue, et dit : — Je craindrais de ne pas célébrer dignement un tel sujet, à moins que ce ne fût mon chant de mort; car nos scaldes prétendent qu'à notre dernière heure la harpe du Nord a une harmonie céleste. Oui, je pourrais vanter l'amour d'une femme qui brava le danger, le mépris et le trépas. Sa fidélité fut inébranlable; elle avait la pureté du diamant. Son amour fut inconnu, et ne reçut pas le retour qu'il méritait; mais sa constance sut supporter tout : errante de climat en climat, elle suivit un guerrier à travers les privations, les dangers et les malheurs...... Quelle récompense demanda-t-elle? aucune..... excepté une pierre funéraire qui fit enfin connaître son secret. Voilà de quoi une femme fut capable... Il est vrai qu'Eivir était une fille du Nord.

VIII.

— Tu es bien enthousiasmé pour cette vierge danoise? dit le comte Harold. Cependant, mon cher Gunnar, j'avouerai qu'elle était digne d'être aimée et admirée! Mais Eivir dort dans son tombeau; et où trouver aujourd'hui une amante comme elle? Quelle femme aurait autant de constance pour celui qu'elle aimerait, que tu en as montré à ton maître!.... Mais couche-toi, mon page fidèle.... L'ombre de la nuit devient plus sombre..... Ne tremble pas parce que tu as des morts auprès de toi. Ils furent ce que nous sommes; après quelques jours de vie nous serons comme eux. Cependant, Gunnar, repose-toi à mon côté sur mon manteau, afin de te rassurer en pensant que tu dors auprès d'Harold.

Ils dormirent dans ce fatal château jusqu'à ce que l'aurore vint les réveiller.

IX.

Le comte Harold parut, à son réveil, un homme différent de lui-même : ses yeux étaient troublés; son front offrait les traces d'une surprise mêlée de terreur. — Lève-toi, mon page, s'écria-t-il; sortons de ce lieu! Il ne reprit la parole que lorsqu'ils eurent franchi la porte du château. Ce fut là qu'il s'arrêta, et qu'il dit à Gunnar : — Mes mœurs farouches ont réveillé les morts et troublé le saint repos de la tombe. Il m'a semblé, cette nuit, que j'étais sur le cratère sublime de l'Hécla, et que je pouvais parcourir des yeux les gouffres enflammés de l'enfer. Auprès de moi passaient les ames des morts, que les démons conduisaient dans ce fatal séjour avec d'affreux hurlemens. Mes yeux se sont troublés, ma tête s'est égarée en voyant ces ministres des éternels supplices entraîner ces malheureux qui avaient été naguère des hommes.

X.

— J'ai reconnu la sorcière Jutta à ses yeux hagards, à ses cheveux en désordre, et auprès d'elle Wulfstane, qui a péri ma victime, et qui était encore couvert de sanglantes meurtrissures. J'en aurais vu davantage, s'il ne s'était élevé un ouragan terrible qui a bouleversé les neiges. J'ai entendu le même bruit que produit un guerrier qui précipite le pas de son palefroi; et trois chevaliers armés ont paru menant un coursier noir complètement enharnaché. Le feu étincelait à travers leurs visières baissées. Le premier a dit : — Harold l'indomptable, sois le bienvenu! Le second : — Victoire! le fils du comte Witikind est à nous! Et le troisième, m'adressant la parole, m'a ordonné de mettre le pied à l'étrier, au nom de Zernebock. — C'est à nous, ô Harold, a-t-il ajouté; c'est à nous que tu dois ta force et ton audace. Vassal de l'enfer, ne pense pas à résister à l'enfer.

— Le fantôme disait vrai; mon ame obéissait comme malgré elle à cette voix d'autorité qu'elle semblait reconnaître comme le captif devine le son lugubre de la cloche qui l'avertit que sa dernière heure est arrivée, et qu'il va être arraché de sa prison. Je sentais que tout refus serait inutile; ma main était déjà sur la crinière fatale; j'étais prêt à m'élancer sur la selle, lorsque le fantôme mystérieux du pèlerin accourant à mon secours, les démons ont fui en mugissant comme un orage passager.

XI.

— Le noir capuchon, rejeté en arrière, m'a permis de voir ce visage qu'il m'avait toujours caché. Oui, Gunnar, j'ai reconnu mon père dans celui qui est venu plusieurs fois arrêter mes fureurs par ses conseils. Witikind est condamné, pour ses fautes et pour les miennes, à errer malheureux sur la terre, jusqu'à ce que son fils tourne vers le ciel un cœur repentant, et obtienne le repos de son ame..... Gunnar, il n'est pas juste que son ombre reste plus long-temps exilée dans ce monde de misère et de douleur. Je veux dompter mon cœur sauvage, apprendre la pitié et le pardon : et toi, mon page, tu dois m'aider à écouter le repentir; ainsi l'a dit le fantôme. Ta mère fut une prophétesse, a-t-il ajouté; sa science lui apprit que le fil de ta vie était étroitement lié à celui de la mienne. Il m'a parlé ensuite, en termes obscurs, d'un déguisement qu'Ermengarde avait inventé pour tromper les yeux indiscrets, et unir à jamais nos destinées. Il me semblait, pendant que mon père parlait, que je comprenais le sens de cette énigme. Je ne vois plus en ce moment que doute et obscurité.

Harold voulut couvrir de sa main son front soucieux, et s'aperçut qu'il avait oublié son gantelet dans le château.

XII.

En écoutant le récit de ce songe mystérieux, Gunnar trembla et pâlit; mais les derniers mots d'Harold le firent rougir comme la rose qui va s'épanouir. Charmé de pouvoir dérober à son maître cette pudeur qui le trahit, il retourna sur ses pas pour aller chercher le gantelet..... Mais bientôt un cri de terreur appelle Harold à son secours.

XIII.

Que trouve le comte Harold dans ce château où il a passé la nuit?..... l'ange du mal sous la forme du dieu qu'adorent les Scandinaves. C'est Odin lui-même : les dépouilles de l'ours du Nord lui servent de manteau; un météore brille sur sa tête comme un panache menaçant, moins terrible toutefois que l'éclair que lance son regard. Sa taille est égale à celle de la statue de pierre qui orne l'autel d'Upsal. Une barbe blanche ombrage son menton; sa main tient sa lance faite avec le tronc d'un pin; il se couvre de son épais bouclier.

L'accent de sa voix a quelque chose de sombre et de solennel ; il s'adresse au fils de Witikind, en retenant toujours le jeune page.

XIV.

— Harold, dit-il, quel délire est le tien, de déserter le culte de tes pères, et de renoncer au dieu des héros ? C'est de moi que vient la gloire ou la honte ; je préside à la chasse et aux combats ; un froncement de mes sourcils anéantit les armées. Renonceras-tu donc aussi à ce banquet, où ont été admis tant de guerriers de ta race, Éric et le fier Thorarine, dont les exploits ne seront jamais oubliés ? C'est moi seul qui donne la récompense pour laquelle vivent les fils de la valeur,... la victoire et la vengeance... C'est moi seul qui donne la félicité pour laquelle ils bravent le trépas. C'est dans mon palais que l'on sert l'immortel breuvage dans le crâne d'un ennemi. Harold, tu m'appartiens ; j'en atteste ce gantelet, gage de la fidélité qu'un vassal doit à son seigneur.

XV.

— Génie du mal, répond Harold avec assurance, je te somme de fuir de ces lieux ; qui que tu sois, je te défie. Je saurai me rendre maître de la fureur que tes paroles ont réveillée dans mon ame ; tu ne me raviras ni mon gantelet, ni mon bouclier, ni ma lance... Laisse ce jeune page, et disparais.

— Eivir m'appartient, reprit le spectre ; elle a été marquée de mon sceau dès le jour de sa naissance. Penses-tu qu'un prêtre pourra l'effacer avec quelques gouttes d'eau, ou qu'un nom et un sexe empruntés anéantiront les droits d'un dieu.

Ces étranges paroles égarent la raison d'Harold ; il

grince des dents avec dépit et rage, car sa nouvelle foi n'a pas encore dompté entièrement son ancienne impétuosité. — J'oserai te braver, s'écrie-t-il, au nom d'une croyance plus pure et d'un ciel plus digne de la vertu, qui viennent de m'être révélés. — Il saisit sa massue, et un combat s'engage entre le mortel et le démon.

XVI.

Des nuages de fumée obscurcirent le ciel; la terre trembla; mais ni les feux des enfers, ni la foudre, ni le château ébranlé dans ses fondemens ne purent lasser le courage d'Harold. Dompté par une force supérieure, le démon s'évanouit avec l'orage, et le paladin du nord emporta son Eivir loin de ce lieu de terreur, pour la rendre à la lumière, à la liberté et à la vie.

XVII.

Il la déposa sur un banc de mousse. Non loin de là murmurait un ruisseau aux flots argentés. Des pensées nouvelles troublent l'ame d'Harold; des craintes jusqu'alors inconnues agitent tous ses sens, pendant qu'il jette d'une main timide quelques gouttes d'eau sur le front de celle qui fut son page; il voit les couleurs de la vie embellir de nouveau de leur incarnat les joues de cette Eivir si tendre et si fidèle. — Comment ai-je pu, disait-il en lui-même, ne pas la deviner aux tresses de ses blonds cheveux! Comment les vêtemens d'un page ont-ils suffi pour me cacher les émotions de ce sein blanc comme la neige? Insensé que j'étais d'aller chercher le carnage et la mort à travers les flots et les déserts, quand j'avais auprès de moi une telle compagne!

XVIII.

Se regardant ensuite dans le miroir de l'onde, il est honteux du désordre de sa chevelure et de la barbe épaisse qui rend son air encore plus farouche. Il lave les traces sanglantes de son dernier combat, et ce guerrier terrible éprouve enfin la crainte et l'amour. Que fait Eivir!.... Elle est revenue à la vie ; cependant elle reste muette, et ose à peine entr'ouvrir ses yeux bleus ; elle se plait sans doute à épier en silence, et un peu confuse, les premières émotions du cœur d'Harold : la rougeur de son front exprime la pudeur et l'espérance.

XIX.

Vainement le héros de Danemarck cherche des termes pour parler de ses nouveaux sentimens, sa bouche n'est familière qu'avec ceux de l'outrage et de la fureur. Il relève sa compagne timide, et lui dit avec une franchise martiale :

— Eivir, puisque tu as si long-temps suivi les pas d'Harold, c'est toi à ton tour qui dois guider les siens. C'est demain la fête de saint Cuthbert ; il verra devant son autel un chevalier chrétien amener une fiancée chrétienne : et l'on dira du fils de Witikind qu'il a été baptisé et marié le même jour.

Jeunes filles, puissent les doux aveux de vos amans être inspirés par la même franchise !

CONCLUSION.

Eh bien, ennui, qu'as-tu qui te chagrine? Pourquoi ces yeux distraits et cette bouche béante? Tu n'as pas besoin de tourner la page, comme si c'était une feuille de plomb, ou de jeter le volume de côté jusqu'à demain. Sois content: j'ai fini, et je ne lasserai pas ta patience en empruntant une anecdote à Bartholin ou à Sporro. Pardonne à un ménestrel qui vient d'écrire six longs chants; et qui dédaigne d'y ajouter une seule note.

FIN D'HAROLD L'INDOMPTABLE.

ŒUVRES COMPLÈTES
DE
SIR WALTER SCOTT.

Cette édition sera précédée d'une notice historique et littéraire sur l'auteur et ses écrits. Elle formera soixante-douze volumes in-dix-huit, imprimés en caractères neufs de la fonderie de Firmin Didot, sur papier jésus vélin superfin satiné; ornés de 72 *gravures en taille-douce* d'après les dessins d'Alex. Desenne; de 72 *vues* ou *vignettes* d'après les dessins de Finden, Heath, Westall, Alfred et Tony Johannot, etc., exécutées par les meilleurs artistes français et anglais; de 30 *cartes géographiques* destinées spécialement à chaque ouvrage; d'une *carte générale de l'Écosse*, et d'un *fac-simile* d'une lettre de Sir Walter Scott, adressée à M. Defauconpret, traducteur de ses œuvres.

CONDITIONS DE LA SOUSCRIPTION.

Les 72 volumes in-18 paraîtront par livraisons de 3 volumes de mois en mois; chaque volume sera orné d'une *gravure en taille-douce* et d'un titre gravé, avec une *vue* ou *vignette*, et chaque livraison sera accompagnée d'une ou deux *cartes géographiques*.

Les *planches* seront réunies en un cahier séparé formant *atlas*.

Le prix de la livraison, pour les souscripteurs, est de 12 fr. et de 25 fr. avec les gravures avant la lettre.

Depuis la publication de la 3e livraison, les prix sont portés à 15 fr. et à 30 fr.

ON NE PAIE RIEN D'AVANCE.

Pour être souscripteur il suffit de se faire inscrire à Paris

Chez les Éditeurs:

A. SAUTELET ET Cⁱᵉ,	CHARLES GOSSELIN, LIBRAIRE
LIBRAIRES,	DE S. A. R. M. LE DUC DE BORDEAUX,
Place de la Bourse.	Rue St.-Germain-des-Prés, n. 9.

www.ingramcontent.com/pod-product-compliance
Lightning Source LLC
Chambersburg PA
CBHW050320170426
43200CB00009BA/1390